रेणु से भेंट

फणीश्वरनाथ रेणु से भेंटवार्ताओं का संकलन

संकलन-सम्पादन

भारत यायावर

वाणी प्रकाशन

वाणी प्रकाशन
4695, 21-ए, दरियागंज, नयी दिल्ली 110 002
शाखा
अशोक राजपथ, पटना 800 004
फ़ोनः +91 11 23273167 फ़ैक्सः +91 11 23275710
www.vaniprakashan.in
vaniprakashan@gmail.com

RENU SE BHENT
Edited by Bharat Yayawar

ISBN : 81-7055-094-7
Interviews

प्रथम संस्करण 1987
द्वितीय संस्करण 2015
मूल्य : ₹ 350

हर्ष प्रिंटर्स, दिल्ली-110 093 में मुद्रित

वाणी प्रकाशन का लोगो मक़बूल फ़िदा हुसेन की कूची से

रेणु और रेणु के लेखन से
प्यार करनेवालों
के लिए
'मैंने कितनों के बोल सहे!'

प्रस्तावना

रेणु से भेंट का अर्थ—एक लबालब भरे हुए, जीवन के तमाम रंगों से भरपूर एक ऐसे आदमी से मिलना जिसे आर-पार देखा जा सकता है, जिसके बहुत गहरे उतरा जा सकता है। वह मूलतः एक किसान है—ठेठ भारतीय किसान! [बाबा की एक कविता पंक्ति की बेतरह याद आ रही है, जिसे रेणु को सम्बोधित कर उन्होंने कही थी—'कृषक पुत्र मैं, तुम भी तो दर्दी किसान हो!] रेणु का पूरे हिन्दुस्तान के जन-जीवन को देखना—उसी दृष्टि से है। एक राग भरी दृष्टि! मध्यकालीन सन्त कवियों को पढ़ने पर जो उनकी छवि बनती है—उससे साक्षात्कार का अनुभव 'रेणु से भेंट' पर होती!

रेणु के जीवन के पाँच आयाम हैं—पहला कृषक का, दूसरा राजनीति का, तीसरा बीमारी का, चौथा जेल जीवन का और पाँचवाँ फिल्मों का। इन पाँचों पक्षों से इस पुस्तक में पाठक रू-ब-रू तो होंगे ही, साथ ही साथ उनके अन्य आयाम [मसलन उनके 'बाल-काण्ड' को ही लें...] भी इस पुस्तक में हैं। रेणु के पूरे जीवन मे उतारने वाली यह पहली पुस्तक है! उनके बचपन से लेकर मृत्यु से पूर्व (इमरजेंसी तक की) तक की पूरी यात्रा राम पाठक करेंगे! रेणु का जीवन क्रमबद्ध रूप में अभी तक लिपिबद्ध नहीं हुआ है और उसे संक्षिप्त रूप में ही सही, जाने बगैर उनसे भेंट अच्छा नहीं लगेगा। इसलिए 'रेणु की कहानी' या उनका संक्षिप्त जीवन-वृत्त प्रारम्भ में दिया जा रहा है!

'खेती करने में कविता का आनन्द' पाने वाले रेणु का मन, 'बीमारों के देश में' जी रहे रेणु का मन, जेल में पीड़ित मनःस्थिति में रह रहे रेणु का मन, चुनाव लड़ रहे रेणु का मन, आन्दोलन में भाग ले रहे रेणु का मन और इमरजेंसी के दौरान का रेणु का मन—क्या एक ही मन है? उत्तर के लिए पढ़ें—'रेणु से भेंट', पर पढ़ते हुए आप पाएँगे कि आप रेणु से बातचीत कर रहे हैं, रेणु आपको लम्बे-लम्बे अनुभवों की दास्तान सुना रहे हैं—रेणु जीवित हैं एक-एक शब्द में।

—भारत यायावर

क्रम

रेणु की कहानी

भारत यायावर

फणीश्वरनाथ रेणु। जन्म 4 मार्च, 1921। पूर्णिया जिले के सिमराहा रेलवे स्टेशन से लगभग तीन-चार किलोमीटर दूर एक बेहद पिछड़े गाँव—औराही-हिंगना के श्री शीलानाथ मण्डल के आत्मज फणीश्वरनाथ मण्डल को पिता से अच्छी-खासी जमीन एवं बचपन से ही राजनीतिक, सामाजिक एवं सांस्कृतिक परिवेश मिला। इसी कारण फणीश्वरनाथ मण्डल एक ओर संस्कारी किसान बने रहे ताउम्र, तो दूसरी ओर एक क्रान्तिकारी, सामाजिक कार्यकर्ता और साहित्यकार रेणु हुए। अपने बचपन को याद करते हुए रेणु ने लिखा है—'मेरी उम्र जब दस वर्ष के लगभग रही होगी और मैं फारबिसगंज हाई स्कूल का विद्यार्थी था; वहीं होस्टल में रहता और सप्ताह में छुट्टी के दिन गाँव आ जाता। फारबिसगंज से एक स्टेशन सिमराहा—वहाँ गाड़ी से उतरकर पाँव-पैदल औराही हिंगना यानी अपने गाँव! पिताजी किसान थे और इलाके की स्वराज्य आन्दोलन के प्रमुख कार्यकर्ता! खादी पहनते थे, घर में चरखा चलता था, 'तिलक स्वराज्य फण्ड' वसूलते थे और दुनिया भर की पत्र-पत्रिकाएँ मँगाया करते थे।... मैंने जबसे होश सँभाला, अपने को पत्र-पत्रिकाओं से घिरा पाया। मुम्बई का 'वेंकटेश्वर समाचार', कानपुर का 'प्रताप', और सैनिक, कर्मवीर, चाँद, हिन्दू पंच आदि प्रमुख पत्र-पत्रिकाएँ नियमित आतीं और गाँव-इलाके के लोग उनका नियमित अध्ययन करते थे। रेणु की रचनाशीलता इन पत्र-पत्रिकाओं के साथ हो जाने के कारण, बहुत कम उम्र में ही विकसित हो गयी थी। जब वे क्लास छः के विद्यार्थी थे सिमरबनी स्कूल के, तभी से कविताएँ लिखना और प्रकाशन के लिए व्यग्रता का उल्लेख रेणुजी के शिक्षक श्री गणेशप्रसाद विश्वास जी करते हैं, जिन्होंने सर्वप्रथम रेणु की कविता का प्रकाशक अपनी पत्रिका 'खंगार सेवक' (1934) में किया था। क्लास सात में रेणु ने अररिया हाई स्कूल में प्रवेश लिया। 'कितने चौराहे' इसी स्कूल के विद्यार्थी जीवन को याद करते हुए लिखा गया उपन्यास है, जिसका पूरा परिवेश एवं प्रायः सभी घटनाएँ रेणु के निजी जीवन से संलग्न हैं। सन् उन्नीस सौ छत्तीस के आठ अक्टूबर को प्रेमचन्द की मृत्यु का किशोर रेणु पर इतना गहरा प्रभाव पड़ा कि इससे एक लम्बी कविता का जन्म हुआ। वैसी कविता प्रेमचन्द की पूरी रचनाशीलता व महत्त्व को समझे बगैर नहीं लिखी जा सकती थी। उसी वर्ष अररिया के एक बड़े

समारोह में कविता-प्रतियोगिता में रेणु को उस कविता पर प्रथम पुरस्कार ही सिर्फ नहीं दिया गया था, अपितु एक स्वर्ण-पदक भी विशेष रूप से प्रदान किया गया था। पूर्णिया शहर के श्री राय रामनारायणजी निर्णायकों में एक थे एवं आज भी वे इस बात की चर्चा प्रायः किया करते हैं।

1935 ई. में रेणु का सम्बन्ध नेपाल के भूतपूर्व प्रधानमन्त्री स्व. विश्वेश्वरप्रसाद कोइराला से हुआ और 1938 में उन्होंने कोइराला भाइयों के पिता द्वारा स्थापित आदर्श विद्यालय, विराटनगर (नेपाल) में दाखिला लिया। विश्वेश्वरप्रसाद कोइराला रेणु को याद करते हुए लिखते हैं—"विराट नगर में मेरे पिताजी ने एक स्कूल खोला था जो नेपाल तराई का सर्वप्रथम स्कूल था। उसी स्कूल में रेणु भी दाखिल हुआ और उसकी प्रारम्भिक शिक्षा वहीं हुई।... तभी से एक समय का नितान्त अपरिचित किशोर रेणु कोइराला परिवार का एक अभिन्न सदस्य जैसा हो गया और जीवन-पर्यन्त रहा।"

1939 में बनारस हिन्दू विश्वविद्यालय में दाखिला लिया और वहीं आचार्य नरेन्द्र देव से मार्क्सवाद की दीक्षा ली। वहाँ साहित्य व पढ़ाई से अधिक राजनीतिक गतिविधियों में हिस्सेदारी लेते रहे। उस वक्त उनकी 'अवाम' कविता पूरे विश्वविद्यालय में काफी लोकप्रिय थी, जो उनके क्रान्तिकारी रुझान का परिचायक भी थी। 1942 में पूर्णिया लौटकर क्रान्तिकारी संगठनों में बेहद सक्रिय हो गये। उस वक्त के उनके मित्र श्री नक्षत्र मालाकार, जो तत्काल कम्युनिस्ट पार्टी के सक्रिय नेता हैं, श्री कन्हैयालाल वर्मा, श्री तारिणी मण्डल, श्री भोलानाथ मण्डल आदि रेणु के उस क्रान्तिकारी जीवन के ढेरों संस्मरण अपने में सँजोये हैं, जो उनके जुझारू, संघर्षशील और स्वातन्त्र्यचेता व्यक्तित्व को दर्शाते हैं। 1942 के दिसम्बर में रेणु गिरफ्तार होकर पूर्णिया, हजारीबाग और भागलपुर के जेलों में 1945 के जनवरी तक रहे। भागलपुर जेल के उनके संस्मरण 'भादुड़ी जी' के लम्बे संस्मरणात्मक शब्द-चित्र में है। जेल से बाहर आकर उन्होंने बाकायदा लेखन कार्य शुरू किया और 'बटबाबा', 'पार्टी का भूत', 'कलाकार', 'पहलवान की ढोलक', 'न मिटने वाली भूख' आदि कई कहानियाँ कलकत्ते से प्रकाशित 'साप्ताहिक विश्वमित्र' में लगातार प्रकाशित हुईं। इन कहानियों के अलावा रामवृक्ष बेनीपुरी के सम्पादन में प्रकाशित 'जनता' में 'जै गंगा', 'डायन कोसी' 'हडिड्यों का पुल', 'एक टू आस्ते-आस्ते', 'घोड़े की टाप पर लोहे की रामधुन' एवं 'हिल उठा हिमालय' आदि प्रसिद्ध रिपोर्ताज प्रकाशित हुए, जिससे हिन्दी साहित्य जगत् में रेणु परिचित-से हो चले। 1949 में पूर्णिया से रेणु ने 'नई दिशा' पत्रिका का प्रकाशन प्रारम्भ किया, जिसके सम्पादकीय में उन्होंने घोषणा की—"सुराज हुआ है जरूर, लेकिन वह हमारे लिए नहीं हुआ है। वह सुराज हुआ है बिड़लाओं के लिए, टाटाओं के लिए, डालमियाओं के लिए, देशी नरेशों और जमींदारों के लिए, भ्रष्टाचारियों के लिए। यह जनता का सुराज नहीं। महाभारत छिड़ा हुआ है, जनता का संघर्ष अभी जारी है। दरिद्रता, भूख और रोगों से मरने वाले एक-एक प्राणी को आज हम 'शहीद'

कहते हैं। क्योंकि दुश्मनों के इन अस्त्रों से जूझने वाले, मरने वाले वीरों को हम 'वर्ग-संघर्ष' में लड़ने वाला सिपाही समझते हैं। इस भ्रष्टाचार के आलम में घुट-घुटकर मरने से अच्छा है एक ही बार कुछ करना या करते-करते मर जाना।'' रेणु की विचारधारा एवं रचनात्मक संघर्ष की पृष्ठभूमि के तहत 'नई दिशा' की उपरोक्त पंक्तियाँ देखी जा सकती हैं। इसी दौरान रेणु नेपाली क्रान्ति की कथा तैयार करने में भी सक्रिय रहे– बकौल विश्वेश्वरप्रसाद कोइराला–''वह स्वतन्त्रता का प्रचण्ड योद्धा था। नेपाल में प्रजातन्त्र के हमारे संघर्ष में उसने हमसे कंधे से कंधा मिलाया। राणा-शासन को अपदस्थ करने के हेतु नेपाली काँग्रेस में 1950 में जो सशस्त्र क्रान्ति छेड़ी थी, उसमें रेणु भी शामिल हो गया और मुक्तिसेना की फौजी वर्दी में मेरे साथ बन्दूक लेकर मोर्चे पर कूद पड़ा। क्रान्ति के समय उसने नेपाली कांग्रेस के प्रचार प्रकाशन तथा विराटनगर में स्थापित एक 'गैर-कानूनी' आकाशवाणी के संगठन में महत्त्वपूर्ण भूमिका अदा की।'' 1939 से, 52 तक कई बार असाध्य बीमारियों से जूझते हुए भी रेणु ने तीन शादियाँ कीं। 1952 में रेणु नेपाल कांग्रेस के लिए नेपाली व हिन्दी में 'नया कदम' नामक साप्ताहिक पत्र का सम्पादन-प्रकाशन करते रहे। इसी वर्ष इस पत्र के बन्द होने के बाद सोशलिस्ट पार्टी से गहरे मतभेद होने के कारण इस्तीफा देकर 'मैला आँचल' लिखने में लग गये और 1954 में काफी मुश्किल से इसका प्रकाशन इन्होंने खुद किया; और फिर इस उपन्यास से जो ख्याति उन्हें अचानक मिली, वह अन्य किसी हिन्दी लेखक को अब तक अपनी पहली पुस्तक पर नहीं मिल पायी है। दूसरा उपन्यास 'परती परिकथा' (1957) इसी उपन्यास का विकास है। इन दोनों उपन्यासों के द्वारा रेणु ने एक ग्रामीण क्षेत्र को केन्द्र में रखकर भारतीय गाँवों की जटिल आर्थिक, सामाजिक, राजनीतिक संरचना एवं भूमि-समस्याओं की ओर प्रेमचन्द के बाद सबसे पहले हिन्दी प्रदेश का ध्यान आकर्षित कराया। अपने पहले कहानी संग्रह 'ठुमरी' (1959) के द्वारा साधारण जनों के राग, सौन्दर्य, प्रेम-करुणा और उनके मानवीय व कलाकार रूप को उपस्थित किया। 'नयी कहानी' की 'जड़ीभूत सौन्दर्याभिरुचि' को रेणु की कहानियाँ ही सर्वप्रथम तोड़ती हैं और उन्हें एक गतिशील व व्यापक फलक प्रदान करती हैं। 'ठुमरी' के बाद प्रकाशित 'एक आदिम रात्रि की महक' (1967), 'अगिनखोर' (1973) एवं 1984 में मृत्योपरान्त प्रकाशित 'एक श्रावणी दोपहरी की धूप' एवं 1986 में 'अच्छे आदमी' की कहानियाँ रेणु के अभूतपूर्व रचना-सामर्थ्य की पहचान तो कराती ही हैं, हिन्दी कहानी को एक नयी दिशा भी देती हैं। रेणु की लम्बी कहानी 'तीसरी कसम अर्थात् मारे गये गुलफाम' पर शैलेन्द्र निर्मित फिल्म भी यथार्थवादी फिल्मों की एक अलग परम्परा की शुरुआत करती है। 1969 में रेणु 'पेप्टिक अल्सर' से आक्रान्त हुए और इसी की वजह से बाद में (11 अप्रैल, 1977) उनकी मृत्यु भी हुई। 1970 में स्वस्थ होकर सामाजिक परिवर्तन की दिशा में लगातार सोचते रहे। इसी बीच बंगला देश के आन्दोलन के

समय 'नेपाली क्रान्ति-कथा' (1971) की सृष्टि की। इस क्रम में वे एक बेचैनी से गुजरते रहे। 1972 के विधान सभा चुनाव में फारबिसगंज से एक निर्दलीय उम्मीदवार के रूप में चुनाव लड़ना, सामाजिक परिवर्तन के लिए बेचैनी को व्यक्त करता है। चुनावी-तन्त्र के खोखलेपन को दर्शाते हुए, उन्होंने 1973 में 'कागज़ की नाव' नामक पुस्तक लिखी। विरोधियों द्वारा उसका प्रकाशन के पूर्व चोरी करवाया जाना, एक हादसा माना जाएगा। परिवर्तन की राजनीति के तहत 1974 में चलने वाले जन-आन्दोलन में सक्रिय रहे। इसी वर्ष फारबिसगंज में व्यवस्था के विरोध में आन्दोलन करते हुए इन्हें गिरफ्तार किया गया, दो महीने जेल में रहकर निकलने के बाद लगातार जन-सभाओं को सम्बोधित करते रहे। 1975 में आपातकाल की घोषणा होने पर पुलिस बर्बरता से बचने के लिए नेपाल चले गये। 1976 के अन्त में उनका 'पेप्टिक अल्सर' खतरे की हद तक पहुँच चुका था, जिसने एक लम्बे समय तक संघर्ष के बाद पराजित कर दिया। 56 वर्ष की उम्र में (प्रेमचन्द भी 56 वर्ष ही जिये) रेणु ने छः उपन्यास, साठ के ऊपर कहानियाँ, बीस के करीब रिपोर्ताज, उतने ही स्केच, तथा 1965 से '67 तक बिहार की राजनीति पर टिप्पणियाँ व रपटें 'दिनमान' साप्ताहिक में लिखीं। इसके अतिरिक्त मैथिली, बंगला, व उर्दू में भी छिटपुट लेखन किया। 'रेणु की कहानी' के कई पात्र अब भी उनकी 'शेष स्मृतियों' को सँजोये उनकी कहानी को जीवन्त किये हैं। 2/30 राजेन्द्रनगर, पटना में रहतीं लतिका जी 67 की उम्र में भी एक स्कूल में पढ़ाकर जीविका चलाती हैं। दूसरी पत्नी पद्मा जी अपने तीन लड़कों—वेणु, अप्पू और पप्पू—के साथ औराही-हिंगना में रहती हैं—पुश्तैनी फूस के मकान में। वेणु—पूरा नाम—पद्मपराग राय वेणु—रेणु की तरह ही सहृदय, व्यवहारकुशल, विनम्र, मितभाषी! साधारण-सी खेती बाड़ी का छोटा-सा किसान! वेणु से छोटी नवनीता के पति अरुण एवं श्वसुर रजनीकान्त सिन्हा रेणु के जीवन एवं साहित्य के व्यापक तौर पर मूल्यांकन के तहत सक्रिय! इस क्रम में रेणु के जीवन एवं साहित्य से सम्बन्धित दो वृहद् ग्रन्थों का प्रकाशन!

मिलिए फणीश्वरनाथ रेणु और उनके परिदृश्य से

''धान की इतनी अच्छी सफल, जितनी अच्छी इस साल है, हो तो खेती करने में कविता करने का आनन्द है। खेती और कविता में ज़रा भी फ़र्क न लगे। एक बार ताइचून रोपते समय वर्षा में भींगते हुए मैंने एक कविता रची। मन हुआ कि राजकमल चौधरी को भेज दूँ। लेकिन बाद में भूल-भाल गया।...मेरे विचार से तो अभी एक बीघा खेत में खेती कर लेना पाँच लेख और पाँच कहानियाँ लिखने से ज्यादा फ़ायदेमन्द है।...''

रेणु के गाँव जाकर उनके परिदृश्य से और रेणु से मिला रहे हैं युवा कथाकार कवि सुवास कुमार

हरीतिमा। जैसे एक ही जगह दुनिया की सारी हरियाली बिछा दी गयी हो। रेलवे लाइन के दोनों ओर फैला हुआ सीमान्तक शस्य-क्षेत्र। कुछ-कुछ पीताभ हरियाली ओढ़े हुई धान की रूप-गर्विता बालियाँ पुरवा के हर स्पर्श पर इठला रही हैं। छाती-भर खड़ी फ़सल में पगडण्डियाँ खो गयी नजर आती हैं। कहीं-कहीं बाँसों के कुछेक बीट और इक्का-दुक्का बड़े वृक्षों को छोड़कर दृष्टि-पथ में धान-खेतों की हरियाली का ही व्यापक प्रसार है।

यह दृश्य पूर्णिया जिले के सिमराहा स्टेशन के करीब का है, जहाँ का 'धत्ता' (उजाड़ भूमि) कुख्यात था। यही है 'परती : परिकथा' की वास्तविक भूमि। 'परती : परिकथा' के लेखक का गाँव 'औराही हिंगना—जहाँ मैं जा रहा हूँ—करीब तीन मील पर है। यह तीनों मील पैदल चलना होता है—किसी सवारी की व्यवस्था नहीं। कोई सड़क भी तो नहीं। एक कच्ची-टूटी सड़क है भी तो घूमकर जाती है। चाहें तो इसे सड़क कह लें या बैलगाड़ी की लीक।...सो खेतों की मेंड़ पर से गुजरना होता है। खेतों

की मेंड़ से गुजरना—यानी हरियाली के बीचो-बीच गुजरना मुझे अच्छा लग रहा है। रेलगाड़ी में कोयले के कणों के पड़ने के कारण कछमछाती आँखों को यह दृश्य बड़ा ही शीतल कर गया है।

कौन कह सकता है कि इसी बिहार में भीषण सूखा पड़ा है? कौन कह सकता है कि हम बंगाल के शस्य-प्रदेश में यात्रा नहीं कर रहे? यदि पूर्णिया जिले का कोई निवासी पाँच-सात वर्षों के बाद अब अचानक यहाँ पहुँच जाये तो उसे कदाचित् ही प्रतीति हो कि वह इसी जगह को छोड़कर कभी गया था। जिन किसानों ने यह फसल उगायी है और जो प्रसन्न-मन इसे काटेंगे, उनके पूर्वजों की एकमात्र फसल थी—पाट, सो भी बरसात के दिनों में, अलग मिट्टी वाली जमीन में। अब तो यहाँ गेहूँ, चना, जौ, मटर, सरसों—हर फसल उगेगी; क्योंकि अब यहाँ की माटी माटी नहीं, सोना है। पहले यह माटी बालू थी।

'परती : परिकथा' कल ही पढ़कर समाप्त की है—दूसरी बार। पहली बार चार साल पहले पढ़ी थी। इन हरियाली को देखकर मेरी कल्पना की आँखें इन खेतों के अतीत को देखना चाहती हैं।...काँटों-भरे झाड़-झंखाड़ और दिगन्तव्यापी रेत। कुछ जंगली जानवरों की दूहें और बालू के टीले। निर्लज्ज, निर्वसन बन्ध्या नारी की तरह लेटी हुई जमीन—बंजर जमीन बादलों की सारी प्यास सोखकर भी अतृप्त रह जाती। जिसका हिया कभी न जुड़ाये, जिसकी गोद कभी हरी न हो, ऐसी बंजर जमीन। परती धरती।

और अब तो मेरी आँखों के आगे सद्यःप्रसूता धरित्री है। कहाँ बाँझ—बलुआही जमीन और कहाँ स्वर्ग शस्य प्रदेश! मैं ही क्यों, जो यहाँ के निसर्ग के पूर्वरूप से परिचित हैं, ऐसा कोई भी व्यक्ति इस परिवर्तन को सहज ही महसूस कर सकता है। लेकिन यह परिवर्तन क्या योंही सहज सम्भव हुआ होगा, जिस रूप में हम आज इसे ग्रहण कर रहे हैं? निश्चय ही इस उपलब्धि के पीछे एक मनुष्य-गाथा—बल्कि मनुष्यों की वह साहस गाथा है, जिसने इस निर्वसना प्रकृति को हरी चूनर पहनने को मजबूर किया।

...बलुआही मिट्टी—कोई गन्ध नहीं। गन्धहीन माटी। यहाँ चाहे चिल-चिलाती हुई धूप और लू से लदी हुई हवाएँ चलें या झर-झर-झहर-झहर बादल झरें—कोई अन्तर नहीं पड़ता था। परती—सैकड़ों वर्षों से पड़ी हुई धरती पर केवल कुश-काँटे और कहीं-कहीं बन-लहसुन पैदा होते थे। यही था कोसी-कवलित अंचल। हर साल लाखों प्राणों की बलि लेती थी कोसी महरानी!

हिमालय की गोद से अरुण, तिमुर और सुतकोसी—ये तीन धाराएँ निकलकर वराह क्षेत्र के पास मिल जाती हैं। त्रिवेणी। त्रिवेणी के बाद सप्त कोसी। फिर कोसी—डायन कोसी। जिसकी साँसों में उनचास पवन इठलाये, आँखों में हमेशा खून पीने की हविस, जो करवट ले तो भूचाल आ जाये, जिधर चले उधर प्रलय-हड़कम्प मचा दे। कोई एक रास्ता नहीं, जब जिधर जी चाहे चल दी। रातोंरात गाँव के गाँव जल-मग्न!

ऐसी सर्वग्रासिनी कोसी को बाँधने की बात तो मेक्कैनो ही थी न? मेक्कैनो–बच्चों द्वारा बनाया जाने वाला पुल, डैम, मकान। घर के अन्दर, मन के अन्दर मनचाहे ख्वाब देखना। मगर कोसी को बाँधना आसान काम नहीं। फिर भी 'मन केर ममोला मनहि में रहलऽ सेमरिक फलवा सूखि के फुटाइल–सेमरिक रूई उड़त'–सेमल की रूई की तरह उड़ती हुई मन की आशाओं का कोई क्या करे?

–इस विशाल परती पर क्या कहीं इस प्रकार की मिट्टी नहीं, जिसमें जंगल लगाना सम्भव हो?

–आपको मालूम है मिस्टर 'एट लीस्ट हण्ड्रेड टाइम्स' इस परती के साँएन्स का 'केमिकल एनालिसिस' किया जा चुका है। तीन-तीन 'केमिकल सेक्शन' की रिपोर्ट है...

–फिर भी जंगल लगाने की योजना पर...

–जी, बालू में पेड़ रोप दें? आप तो जानते ही होंगे कि अफ्रीका का जंगल सहारा मरुभूमि में नहीं है। आपके पास फाजिल पैसा है, आप जो चाहें कर सकते हैं। मगर मैं तो कहूँगा, बेहतर होगा कि आप इन पैसों का 'नेशनल सेविंग्स सर्टिफिकेट' खरीद...

मैं 'परती : परिकथा' के उस दृश्य की कल्पना करता हूँ, जब जित्तन बाबू ने परती में पहले-पहल ट्रैक्टर चलाया था। पुरानी परती की वीरान धरती पर संशय-भारी नजरों ने पहली बार ट्रैक्टर चलते हुए देखा। लोगों के मन में बरसाती हरियाली की तरह क्षणिक आशा भी नहीं उपजी, प्रत्युत मृग-तृष्णा के प्रति एक सन्देह उपजा...

–पागल कहीं का, परती में ट्रैक्टर चला रहा है–क्या सनक है!

–गुदड़ी उधेड़कर सी रहा है...

–भाई, अब बासमती धान उपजेगा। कितना खाओगे?

–हो-हो-हा-हा!

–धान नहीं, केला! केला भी नहीं उपजेगा। ट्रैक्टर से जोते या...

–परती तोड़कर गौ माता के कलेजे पर छुरी चला रहा है, जित्तन!

–उधर सिमराहा, फारबिसगंज, बथनाहा, वीरपुर, भीमनगर में हाकिमों का मेला लग गया। चीफ इंजीनियर, सुपरिण्टेडिंग इंजीनियर, सब डिवीजनल ऑफिसर्स ऑव कोसी प्रोजेक्ट, सेक्शनल ऑफिसर! फिर सेक्रेटरी, पी.ए., रीडर, स्टेनो, वर्क सरकार, अमीन, चपरासी! सब कोसी योजना वाले साहब लोग हैं। चतरा गद्दी में पुल बाँधने आये हैं।...

...वाह रे, चतरा गद्दी में पुल बाँधने आये हैं तो पचास कोस दूर बैठकर भला वे पुल कैसे बाँधेंगे? और पुल बाँधने के पहले तो आदमी की बलि की जरूरत होती है, सो?

—देखो, बच्चे घर से बाहर न निकलें।

—केवल परती पर ही नहीं, कोसी-किनारे के ताड़-वृक्षों पर भी ब्रह्मपिचास का राज्य है। उससे कैसे पार पायेंगे ये लोग?

—इन्हें कोसी मैया की ओर दुर्मति खींच रही है। हजारों बलिदानों से सन्तुष्ट होंगी, कोसी मैया!

—हुँ; बाँध बाँधेंगे...

—काहे नहीं? आदमी ने ही तो राक्षस की तरह विकराल मशीन बनायी है। याद है, दन्ता राकस ने किस तरह से धरती को खोदा था। 'सुन्नरि नैका' की गीत-कथा में...

कोसी-योजना 'सुन्नरि नैका' के समानान्तर एक और कथा है। वीरपुर, बथनाहा, फारबिसगंज, सिमराहा, पूर्णिया, विराटनगर, दूबी—जगह-जगह कॉलोनी बनी। जहाँ दिन में भी पहले टिटही बोलती थी, वहाँ अब रात में भी रोशनी का बाजार लगा रहता है। कोसी-योजना के अधिकारियों को एक मिनट की भी फुरसत नहीं। 'मस्टर रॉल' के मजदूरों के सिर पर दूरबीन और नाप-जोख के दूसरे सामानों को रखे, धूल-कीचड़-बालू सने फुलपैण्ट और बुश्शर्ट पहने, मुड़े-तुड़े रूमाल से दनादन पसीना पोंछते हुए और लाल-लाल आँखों में किचकिचाते बालू का दर्द झेलते मगर बेतहासा दौड़ते हुए सेक्शनल ऑफिसर। साथ में अमीन और वर्क सरकार। मिनट-मिनट पर गुर्राती जीप गाड़ी से दौरा करते हुए सबडिवीजनल ऑफिसर और सुपरिण्टेडिंग इंजीनियर।

इंसान गढ़ता भी है, रचना भी करता है समाज के लिए, अवाम के लिए। वीराने को बसाने के लिए, बन्ध्या धरती को शस्य श्यामला बनाने के लिए ही तो जी-तोड़ परिश्रम करता है आदमी...

—यादव जी, 'कॉण्ट्रैक्टर' के मुनाफे में ही तो 'हमारा', 'पर्सेण्टेज' बँधा है...

—सर उधर 'ओवरसीयर' साहब भी 25: कहते हैं। हम बेमौत मारे जाएँगे, सर!...

—'कॉण्ट्रैक्टर' मारता है; मरता नहीं है, यादव जी...

—तीन हिस्सा नहीं, सात हिस्सा बालू। 'ओवरसीयर' साहब 'खुद्दे' कहिन हैं...

...सिंध जी ने भी खूब भाषण दिया। लगता था रो रहे हैं...

—काहे नहीं, इसी एस.ई. साहब ने तो उन्हें बनाया। जब उतना मानते थे तो उनके 'फेयरवेल' पर दो बूँद आँसू भी नहीं चुआएँगे?

—पार्टी में कुल कितना खर्च पड़ा होगा, अन्दाज?...

—कोई हिसाब है? एक पार्टी हो जाने पर प्रबन्धक लोगों के घर पर महीने भर पार्टी खायी जाती है।

—सुनते हैं, साहू जी के यहाँ दो हाँडी रसगुल्ला गया था...

—और तीन टोकरी सेब भी।

—नये एस.डी.ओ. पाण्डेजी भी खूब बतक्कड़ हैं। कहते थे...

—अजी, दरबारी आदमी हैं।

—पहले डी.वी.सी. में थे। घूस के लिए बदनाम...

उजाड़, बंजर और बेकार अंचल में युगान्तकारी परिवर्तन हुआ है। कोसी की मुख्यधारा और अन्य शाखा नदियों पर बाँध बाँधे गये हैं। बड़े-बड़े और ऊँचे बाँध। नदियों की धाराओं को इच्छानुकूल मोड़ा गया। बथनाहा स्टेशन से वीरपुर तक रेल की छोटी पटरी बिछायी गयी। मालगाड़ियों का निरन्तर सिलसिला।...सीमेंट, कोयले,पिट्रोल और लोहे की भारी-भरकम मशीनें लगातार ढोकर वीरपुर तक ले जायी गयीं। सम्पूर्ण इलाके में बिजली के तार लग गये। धरती पर नदी जैसे नहरों और नहरों के भी कई-कई शाखा-उपशाखाओं के जाल बिछाये गये। सड़कें और पुल बनाये गये।...

...परम आदरणीय अध्यक्ष महोदय, मन्त्रीजी, अतिथियों एवं साथियों...'अवर अभियन्ता संघ के छठवें अधिवेशन पर आपकी उपस्थिति से हम गौरवान्वित हैं। कोसी योजना का मुख्य निर्माण-केन्द्र वीरपुर, जहाँ आप सभी उपस्थित हैं, निर्माण के प्रारम्भिक दिनों में घने जंगलों, विशाल मरु प्रदेश एवं कासपटेरों से परिपूर्ण प्रायः जनशून्य था। पिशाचिनी कौशिकी की संहार-लीला से आक्रान्त, अविद्या, दारिद्र्य एवं व्याधियों से ग्रसित उपेक्षित मनुष्य...मोरंगिया वायु से प्रभावित मलेरिया की गोद में खेलता मानव जीर्ण-कंकाल जैसा था। संचार-व्यवस्था के अभाव में यह क्षेत्र टापू बना हुआ था। ऐसी भयानक स्थिति में रहते हुए लोगों ने जिस प्रकार इस अंचल की कायापलट की, वह आज मात्र कल्पना की वस्तु बन गयी। पक्की सड़कें, अनवरत दौड़ती गाड़ियाँ, विद्युत-दीपों से आलोकित नगर आज अलकापुरी...

कोसी अब चिड़ियाघर में बन्द अजगर हो गयी है। उसे अपनी सीमाओं में बहते देखकर एक आश्चर्य-मिश्रित सुखद भय होता है। कोसी अब वरदात्री है। बहुत-कुछ देती है; अनाज, पाट, बिजली और मछलियाँ। किसानों के दिन फिरे हैं : खेतों में 'ट्रैक्टर' चल रहे हैं। एक स्वप्न पूरा हुआ है।

अब धरती को बाँझ कौन कहेगा? वह तो सदा सुहागिन है। इन्द्र-धनुषी साड़ी पहने यह धरती हँसती है, खिलखिलाती है, गाती है, झूमती है। धान के खेतों में अब धानी रंग उतर आया है। बालियाँ झुक आयी हैं।...कातिक-बीते अखता धान की कटनी शुरू हो जाती है।

नेपाल की तराई से लेकर गंगाजी के किनारे तक लाखों एकड़ में फैला हुआ बन्ध्या धरती का आँचल अब सूना और उदास नहीं रहा। दूधों-नहायी और पूतों-फली धरती है अब। मुझे अजित कुमार की कविता की पंक्तियाँ याद आयी हैं :

जिसका भी जी चाहे कहले
—ऐसे कभी नहीं थे पहले
खेत सुनहले
अंगराग बन गई कि जो थी अब तक धूल
नाच रहे जैसे पहने रंगीन दुकूल
नीले फूल!
(झाँकियाँ : अकेले कण्ठ की पुकार)

हमारी आँखों के आगे वस्तुतः इतना बड़ा परिवर्तन उपस्थित हो गया है कि सहसा अपनी आँखों पर विश्वास नहीं होता। इस सुखद परिवर्तन का एहसास कितना पुलक-भरा है! मैं सोचता हूँ कि इस परिवर्तन को अलग-अलग तबके के लोग अवश्य ही अलग-अलग ढंग से लेते होंगे। इस सन्दर्भ में एक किसान का दृष्टिकोण एक राजनीतिज्ञ या साहित्यकार के दृष्टिकोण से अवश्य ही विलग और विलक्षण होगा। इस परिवर्तन का असर भी अवश्य ही विभिन्न वस्तुओं पर विभिन्न रूपों में पड़ा होगा। यह परिवर्तन तो इतना स्पष्ट और प्रत्यक्ष लक्षित होता है कि लोक-चेतना के सांस्कृतिक आयामों पर भी इसके प्रभाव का अध्ययन किया जा सकता है। इस सम्बन्ध में क्यों न किसी किसान से 'इण्टरव्यू' किया जाय?

स्वयं 'परती : परिकथा' के लेखक को यह सब बदल जाना कैसा लगता होगा? चिलचिलाती धूप में चमकते हुए रेतकण जिन आँखों में हरियाणी की मृगतृष्णाएँ रचते होंगे, उन आँखों को यह लहलहाती हुई फसल और लहरों में चमचमाती हुई मछलियाँ, कैसा महसूस होती होंगी? इस ऊसर और वीराने में जहाँ दिन में भी गीदड़ और खिखिर बोला करते थे, अब मैना और हल्दी-चिरैया की चहचहाहट उन्हें कैसी लगती होंगी? जिस लेखक ने कभी आशा की थी : "लाखों एकड़ बन्ध्या धरती, कोशी-कवलित, मरी हुई शस्य-श्यामला हो उठेगी। कफन-जैसे बालू-भरे मैदान में धानी रंग की जिन्दगी के बेल लग जाएँगे। मकई के खेतों में घास गढ़ती हुई औरतें बेवजह हँस पड़ेंगी। मोती-जैसे दाँतों की चमक।" (मैला आँचल) उसे रवी और खरीफ की फसलों में से आती हुई अबोध खिलखिलाहटें कौन-सी अनुभूति देती होंगी? मैंने मन-ही-मन 'रेणु' जी से ही बाकायदा इण्टरव्यू लेने की बात सोची।

श्री फणीश्वरनाथ 'रेणु' सम्भवतः प्रेमचन्द के बाद दूसरे हिन्दी के कथाकार हैं, जिन्हें गाँव और खेतों से आन्तरिक लगाव है। (दोनों का चाहे-अनचाहे फिल्म क्षेत्र में भी प्रवेश हुआ—अद्‌भुत साम्य है!—किन्तु जहाँ प्रेमचन्द फिल्मों और अपने अन्तिम उपन्यास 'गोदान' में निराशावादी हो गये; इसके विपरीत 'रेणु' की मनोवृत्ति को साहित्य की ही भाँति फिल्म में भी सफलता मिली।)

मैं 'रेणु' जी से इतनी बार मिला हूँ कि कितनी बार मिला हूँ—यह याद नहीं। शायद अन्यों की अपेक्षा उन्हें नजदीक से देखा भी है। उनके घर की मिट्टी की दीवार पर पेन्सिल या खरोंचों से बनाये गये उनके चित्र देखने या उनके वैयक्तिक नोटबुक से कविताएँ (जी हाँ, 'रेणु' जी कविताएँ भी करते हैं!) सुनने का अवसर, मैं समझता हूँ, ज्यादा लोगों को नहीं मिला है। मैंने उनके खेत में उनके साथ बैठकर ईख, उनके बगीचे के 'कच्चा-मीठा' आम और उनके हाथ की बनी खिचड़ी खायी है। वैसे हमारी बातचीत की परिधि में श्री रामकृष्ण परमहंस के आध्यात्मिक जागरण से लेकर भूखी पीढ़ी वालों की कविता तक आती है, मगर गाँव-घर की बात करने से 'रेणु' जी खूब खुश होते हैं। एक बार उन्होंने मुझसे कहा था—"शहर से जब मैं गाँव आ जाता हूँ

तो भूल जाता हूँ कि मैं लेखक भी हूँ। देश और दुनिया की खबरों से कोई सरोकार नहीं रखता, क्योंकि यहाँ न तो रेडियो सुनता हूँ, न अखबार ही पढ़ता हूँ। गाँव ही मेरा संसार हो जाता है। इस स्थिति में आप आते हैं तो मुझे एहसास होता है कि मैं लेखक भी हूँ।''

शहर में और शहर की बातों को लेकर 'रेणु' जी भले ही भीड़-भीरु हों, किन्तु गाँव में वे 'समाजी' इस अर्थ में हो जाते हैं कि गाँव के बारे में बोलते नहीं अघाते। इसीलिए तो उनसे मैंने बेहिचक 'इण्टरव्यू' की चर्चा छेड़ दी।

औराही हिंगना : रेणु जी का घर। वे बरामदे में कुरसी डाले बैठे थे। मैं भी बैठा। मैंने जब धान की फसल की चर्चा की तो वे खुश होकर बो[illegible]ो—'चलिए, आपको धान के खेत दिखाएँ।''

मैं तो तैयार था ही। 'रेणु' जी लुंगी-कुरते में थे। स्वेटर पहना और हाथ में घूमने की छड़ी लेकर चल पड़े। खेतों की मेंड़ों पर लम्बी चोटी की भाँति पड़ी हुई पगडंडियों पर हम चले। धान के पौधों का शरीर से संस्पर्श रोमांचक था, सामाजिक था, जो नगर-जीवन में दुर्लभ ही है। मैं अपने बदन से उनकी लम्बाई नापता हुआ चला—कमर-भर...छाती-भर धान। मैंने नोटबुक खोल ली और खेतों में घूम-घूमकर और फिर खेत की मेड़ पर बैठकर प्रश्न पूछने लगा।...

सुवास कुमार : 'सारिका' में आपके पते के बारे में घोर अनिश्चितता पाकर मैं तो सोच बैठा था कि आप शायद यहाँ न हों—

फणीश्वरनाथ रेणु : यह कैसे हो सकता है कि बुआई या कटाई के समय मैं गाँव न आऊँ? बचपन में 'सिरपंचमी' सरस्वती-पूजन—के दिन स्कूल में पूजा-स्थल से भी मैं और मेरे समवयस्क लड़के जल्दी ही घर और घर से खेत भाग आते थे, क्योंकि वर्षा आरम्भ के कारण उस दिन खेत में पहली बार हल्की मिट्टी से शुभ-स्पर्श कराया जाता था। मुझे वह दिन अब भी भूला नहीं है और इसलिए तो अब भी इस अवसर पर बच्चों की भाँति कहीं से भी भागकर गाँव पहुँच जाता हूँ।

सु० कु० : शहर से गाँव आने पर आपको कैसा महसूस होता है?

रेणु : हाल ही में कलकत्ते गया था। वह पटने की अपेक्षा ज्यादा 'शहर' है। शहर में अस्तित्व का संकट या यन्त्रणा-बोध तीव्र हो जाता है। इसलिए शहर से गाँव आना कुछ वैसा ही है, जैसा 'स्लॉटर हाउस' के करीब से निकलकर खुली हवा में साँस लेना।

सु० कु० : इस बार तो धान की फसल काफी अच्छी मालूम होती है। आपका क्या विचार है?

रेणु : ...सो तो आप देख ही रहे हैं। धान की इतनी अच्छी फसल, जितनी अच्छी इस साल है, हो तो खेती करने में कविता करने का आनन्द है। खेती और कविता में जरा भी फर्क न लगे। एक बार ताइचून रोपते समय वर्षा में भींगते हुए मैंने एक कविता रची। मन हुआ कि राजकमल चौधरी (अब स्वर्गीय) को भेज दूँ। लेकिन बाद

में भूल-भाल गया।...मेरा तो कभी-कभी मन करता है और यदि मुझसे बन पड़े तो लिखना-विखना छोड़कर केवल खेती ही करूँ।...जे. पी. (जयप्रकाश नारायण) फारबिसगंज आये थे। सभा में मैं भी आमन्त्रित था। जे. पी. ने पूछा—'आप यहाँ कब से हैं?' मैंने कहा, 'करीब पन्द्रह दिनों से।' फिर उन्होंने पूछा—'क्या हो रहा है? कुछ लेखन कार्य?' मैंने उत्तर दिया—'अभी तो ताइचून लगा रहे हैं।...मेरे विचार से तो अभी एक बीघा खेत में खेती कर लेना पाँच लेख और पाँच कहानियाँ लिखने से ज्यादा फायदेमन्द है।' जे. पी. उत्तर सुनकर प्रसन्न नजर आये।

खूब हुआ है धान। मैं तो इन खेतों में बराबर टहला करता हूँ। सुबह कुहरे में उठते हुए खेतों का सलेटी वर्ण, दोपहर धानी रंग और शाम को ढलते हुए सूरज की किरनों से निखरी हुई इन खेतों की स्वर्णाभा दर्शनीय होती है। अलग-अलग समय में खेतों का अलग-अलग रंग-वर्ण ही नहीं, अलग-अलग गन्ध भी सहज ग्राह्य हैं।...इस फसल की लहलहाहट में तो अब पात्र भी लहलहा रहे हैं। लिखने को मन कुलबुला रहा है। यहाँ से पटना लौटकर कुछ न कुछ लिखूँगा। फिलहाल 'कनकजीर' धान की पाँच-पाँच बालियाँ दोस्तों को भिजवा रहा हूँ। हमारा मेक्सिकन गेहूँ 'लर्मा रोहो' देखने आप अवश्य आइए।

सु० कु० : यह क्षेत्र कोसी की विभीषिका से आक्रान्त था। विज्ञान ने कोसी नदी को वरदान बना दिया। पूर्णिया जिले में नहरों का जाल बिछ गया है। परिवर्तन की इस स्थूल प्रक्रिया ने लोक-जीवन की सूक्ष्म मान्यताओं और विश्वासों को किस हद तक झकझोरा है?

रेणु : नहरों के बनने से पहले यहाँ पाट और कुछ मात्रा में कहीं-कहीं धान पैदा होता था। पाट का पैसा नकद मिल जाता था और इसलिए भी धान को लोग धान नहीं समझते थे। खरीद-फरोख्त में दो पूले पाट या चार सेर धान—यही हिसाब था। सच पूछिए तो लोग पहले खेती नहीं करते थे, नवाबी करते थे। आपने कदाचित् यह कहावत सुनी होगी—

आभरन देवे पाट पेटभरन देवे धान।
परानपुर के बेफिकरा सोबे चादर तान।

कोसी-प्रोजेक्ट की कृपा से ऊसर जमीन में भी अब धान, गेहूँ, सरसों, चना, मटर, जौ आदि पैदा होंगे। पिछली नवाबी खतम। जमीन वाले मेहनत करेंगे। करना ही होगा। 'आलसीपन' का कारण यही था कि मेहनत का फल पाने की आशा पहले नहीं रहती थी। एक कारण और था, और वह यह कि मलेरिया और कालाजार के भीषण प्रकोप के चलते घर के घर, गाँव के गाँव सुनसान बने रहते। कभी-कभी परिवार के सारे सदस्य इस बीमारी की चपेट में आ जाते और कोई पानी देने के लिए भी बचा नहीं रहता था। सन् 45 से 50 तक यह रोग जोरों से फैला था। यूँ कहिए कि 'सुराज' का

अगर तुरत का कुछ फल था तो मलेरिया उन्मूलन। इस इलाके के दो प्रमुख अभिशाप थे—कोसी और कालाजार। कोसी के चलते सिमरबनी आदि की फसल चौपट और कालाजार के चलते आदमी चौपट। दोनों का सालाना नृत्य चलता ही रहता।

अब न तो बीमारी की विभीषिका रही, न कोसी की। गाँव-गाँव में बिजली और पन-बिजली आ रही है। कृषकों को कृषि की सारी सुविधाएँ प्राप्त हो रही हैं। अब खेती के करने में उत्साह भी होना चाहिए। फिर अब तो साम्प्रतिक अकाल और इण्टरनेशनल हंगर—अन्तर्राष्ट्रीय भूख ने अन्न का महत्त्व प्रतिपादित कर दिया है। खेती का नहीं किया जाना अब क्राइम जैसा लगता है।

लोग कोसी-योजना को पहले सन्देह की दृष्टि से देखते थे। उन्हें प्रकृति की उच्छृंखलता के संयमन में मानव-विजय—जैसी सफलता आप देख रहे हैं—की आशा नहीं थी। अब उन्होंने प्रगति की ओर जमाने की तेज रफ्तार देखी है और अब मानव शक्ति में उनकी आस्था बलवती होती जा रही है। कोसी-योजना के यान्त्रिक और वैज्ञानिक परिवेश के सम्पर्क में आने के कारण जन की मान्यताओं और विश्वासों में तर्कों का प्रवेश हो रहा है।

सु० कु० : मैं समझता हूँ कि निम्न-वर्ग की जनता सामान्यतः राजनीति से असम्पृक्त रहती है तथा सरकार के प्रति अपने मन में एक 'सिनिक' दृष्टिकोण पाले रहती है। किन्तु कोसी-योजना के द्वारा इन लोगों को बाँटी गयी समृद्धि के पश्चात् राजनीति के साथ इनका सम्बन्ध किस प्रकार का हुआ है?

रेणु : गाँव का बदमाश हर पार्टी में रहता है। सभी पार्टी वाले उसे अपनी तरफ मिलाकर रखना चाहते हैं। अभी जनता को राजनीति से फायदा नहीं है। मान लीजिए, गाँव में 'क' और 'ख' के दो दल हैं। चुनाव में 'क' की जीत हुई। वह अपने दल के पचास आदमियों...या यदि जीतने पर उसके दल के सदस्यों की संख्या बढ़कर सौ हो गयी हो तो उन सौ 'हैवनॉट्स' को वह 'हैव्स' करेगा। उधर 'ख' अपने दल के पचास सदस्यों या हारने पर उसके दल की संख्या घटकर पचीस ही क्यों न रह गयी हो—को लेकर अगले चुनाव में जीतने की टिप्पस भिड़ाएगा। दोनों ही हालतों में प्रतिनिधि को अपने चुनाव-क्षेत्र का सहयोग नहीं मिलता, और वह स्वयं भी तो इसमें बाधा-स्वरूप है। प्रतिनिधित्व हमेशा एकांगी होता है।...

सु० कु० : सरकार के प्रति लोगों की धारणा कैसी है?

रेणु : सरकार के प्रति लोगों की धारणा का बहुत-कुछ अन्दाज तो लोक में प्रचलित इस वाक्य से लगा सकते हैं कि 'अंग्रेज' गये तो 'कांग्रेस' आये!

सु० कु० : मगर राज्य में तो काँग्रेसी सरकार नहीं रही, फिर...

रेणु : काँग्रेसी सरकार ने यदि बुद्धि का अकाल पैदा किया था तो संयुक्त-सरकार ने मतिभ्रम पैदा किया है।

सु० कु० : कोसी-योजना के अन्तर्गत निर्मित तथा प्रयुक्त बड़ी-बड़ी कॉलोनी

भारी भरकम मशीनें, बड़े बाँध, बिजली के खम्भे, साइफन, कल्वर्ट, नहर, नहर से छहर—इन्हें आम जनता किस दृष्टि से देखती है? इनके प्रभाव से समुत्पन्न भावनाओं को लोक- जीवन में कैसी अभिव्यक्ति मिली है?

रेणु : अभिव्यक्ति क्या मिलेगी—वैसे ग्रामीण शब्दावली में इनमें से कतिपय शब्द मिल-पच गये हैं, अपने विकृत रूप में ही सही। इसके अलावा अभी सृजन-प्रतिक्रिया तो खत्म ही हुई है। फल के उपभोग की स्थिति जब पुरानी हो जाएगी, तब प्रभावों की अभिव्यक्ति सम्भव होगी। देखिए...!

सु. कु. : शहर में न केवल आदमी-आदमी के बीच का सम्बन्ध टूट रहा है, अपितु वहाँ व्यक्तित्व भी टूट रहा है। सुनते हैं कि वहाँ तमाम मान्यताएँ और मूल्य विघटनशील हैं। क्या मूल्यों कें अवमूल्यन की बात गाँव के परिप्रेक्ष्य में चलायी जा सकती है?

रेणु : क्या शहर, क्या देहात—हर जगह चीजें, सारी चीजें अवमूल्यित हुई हैं। देखिए, आपने जब चर्चा छेड़ ही दी तो मैं 'परती : परिकथा' की ओर आपका ध्यान ले जाना चाहूँगा। उसमें व्यक्ति के टूटते हुए सामाजिक सम्बन्धों पर विचार किया गया था। सर्वे के समय में परिवार टूटा। जैसे लड्डू से बुँदिया झरता है न, उसी तरह झर-झर झड़ते हुए लोग—समाज से और परिवार से। मैंने लिखा था—'कोई घर साबुत नहीं, क्या गरीब, क्या अमीर। अब परिवार का एक प्राणी दूसरे को सन्देह-भरी निगाहों से देख रहा है। एक-एक आदमी अपने को एक किला बना रहा है। सभी कछुए हुए जा रहे हैं।'

'परती : परिकथा' में ही उदाहरण-स्वरूप एक कहानी आती है...एक प्रतिष्ठित परिवार के दो भाइयों की। बड़े भाई सरबन बाबू ने सर्वे के समय सभी प्लॉट अपने लड़कों और स्त्री के नाम पर लिखवा लिया तो दूसरे ही दिन छोटे भाई लालचन बाबू ने लाठी से सिर फोड़कर सरबन बाबू यानी अपने बड़े भाई को आगे...कचहरी बड़ा दिया। सरबन बाबू भी कुछ कम नहीं थे। उन्होंने भी भरी कचहरी में हल्फ लेकर कह दिया...'लालचन मेरा कोई नहीं। इसके बाप का ठिकाना नहीं। मेरे बाबू जी के मरने के तीन बरस बाद...।' तो इस भयानकता से टूटा है परिवार। भाई-भाई में बनती नहीं, ठनती जरूर है; क्योंकि कहावत बन गयी है...'भाय-भैयारी भैसी की सींघ। जखने जनमल तखने भिन्न।' मान लीजिए किसी परिवार में चार भाई हैं। परिवार में इमली का एक ही पेड़ है। आपस में लड़-झगड़ कर चारों भाई एक-एक इमली भी नहीं तोड़ पाते हैं, किन्तु दूसरे आदमी इस फूट से फायदा उठाकर वह इमली तोड़ ले जाते हैं।

मतलब यह कि हर सम्बन्ध में दरार है। कहीं वह स्पष्ट परिलक्षित होता है तो कहीं उसे मिट्टी, से लेप दिया गया है। लेकिन दरार तो है। अपना परिचय देते वक्त

गाँव में प्रायः ऐसे प्रश्नों का सामना करना पड़ता है...कितने भाई हैं? साथ हैं या अलग-अलग?

...अब गाँव का आदमी उतना मूर्ख या भोंदू या ये दोनों शब्द अच्छे न लगें तो कह लीजिए भोला नहीं रहा, जितना पहले का था, या जितना शहर में अब भी समझा जाता है। 'वोटिंग' को ही ले लीजिए। अब ग्रामीण भेड़िया-धँसान होना पसन्द नहीं करते। लोगों में 'इनडिवीजुअलिटी' की 'फीलिंग' पनपने लगी है। उसे समूह में किसी रास्ते पर हाँकना आसान नहीं रह गया। वह अब बगल के रास्ते से भी चलने की बात सोचने लगा है।

चौपाल, अलाव-गोष्ठी आदि से सम्बन्धित गँवई लोगों की कहानियाँ तो आदिम गाँवों की प्रतीत होती हैं। अब तो अगर कोई ग्रामीण मेले में 'लाउड-स्पीकर' से किसी दन्त मंजन का भी प्रचार सुनेगा तो मन में ही रखेगा। रात को घर आकर एकान्त में अपनी पत्नी से कहेगा...''सुनती हो, एक बड़ी 'प्रायबिट' बात है। बाजार में एक बढ़िया दन्त मंजन बिक रहा है। कहो तो कल खरीद लें। और हाँ, सुनो किसी को पता नहीं चलने पाए, नहीं तो वह भी खरीद लेगा।''

मनुष्य हर जगह संशय-ग्रस्त है।...

सु० कु० : यह तो तय है कि वातावरण और जलवायु का प्रभाव शारीरिक और मानसिक दोनों पर होता है और इस कारण भी शहर के लोगों और ग्रामीण में अन्तर होता है; लेकिन मैं जानना चाहूँगा कि शहर और गाँवों में किन-किन चीजों की स्थिति या अनुपस्थिति के कारण दुराव है? प्रायः शहर वाले शहर से असन्तुष्ट देखे जाते हैं, किन्तु क्या गाँव वाले भी गाँव से सन्तुष्ट हैं?

रेणु : अब तो कितने ही गाँवों में कतिपय नगरोचित सुविधाएँ प्राप्त हैं—मसलन, सड़कें, बिजली, सुलभ-शिक्षा, पुस्तकालय, स्पोर्ट्स आदि। यदि ऐसे गाँवों को गाँव मानें तो गाँवों की कोटियाँ निर्धारित करनी होंगी। यदि इन्हें शहर मानें तो निश्चय ही भारत में गाँवों की संख्या कुछ कम हो गयी है।

शहर ने गाँवों को आकर्षित किया है। जैसे शहर के लोग मुम्बई भाग जाते हैं उसी तरह गाँव के लोग शहर की ओर। यहाँ का मजदूर-वर्ग शहर के बारे में सोचता है कि वहाँ साला 'रिक्शा डिलैवरी' भी करेंगे तो 300 रु. महीना!

शहर में क्या नहीं है? पैसा का तमाशा है—'खोलो पैसा देखो तमाशा।' गाँव में पैसा खोलकर भी क्या तमाशा देखा जा सकता है? इसीलिए तो मुर्गी गाँव में बोलती है, मगर अण्डा शहर में बिकता है।

शहर में एक बात और है। वहाँ जो अच्छे कपड़े पहनता है, उससे कम अच्छे कपड़े वाला उसे 'बाबू' कहता है। गाँव में कितना ही अच्छा कपड़ा कोई क्यों न पहन ले, 'फलनामा' ही ('फलां' का बिगड़ा हुआ रूप) कहलाएगा।

शहर में जात-पाँत से मुक्ति है क्योंकि वहाँ धन की ऊँचाई जाति के बुर्ज से भी

ऊँची होती है। अब गाँव में भी छुआछूत की समस्या पहले-जैसी नहीं है और पैसा ही जाति है। फिर भी छुआछूत कमोबेश विद्यमान है ही।

गाँव में युग के प्रतिकूल कुछ परम्पराएँ बुरी तरह ढोयी जा रही हैं। प्राचीन प्रथाओं के अवशेष भी बचे हैं। जमींदारी-प्रथा तो खतम हो गयी, लेकिन जमींदार तो खतम नहीं हुए। रघुवंश नारायण सिंह के 'स्टैण्डर्ड ऑव लिविंग' में रत्ती-भर भी कमी नहीं हुई है? क्या उन्होंने तसर पहनना छोड़ दिया।

कुछ व्यक्ति होते हैं जो स्थिति से समझौता करके आनन्द से रहते हैं। अधिकांश गाँव वाले गाँव में ही खुशी देखते हैं। किन्तु नयी पीढ़ी शहर की ओर ज्यादा आकर्षित है। गाँवों में शिक्षा का प्रचार-प्रसार होने पर भी छात्र शहर की ओर भागते हैं, क्योंकि उन्हें ज्ञात होता है कि फारबिसगंज और पूर्णिया के कॉलेजों के प्राध्यापकों का 'पे' और 'रिजल्ट' कम है, मगर पटने के प्रोफेसर का 'फर्स्ट क्लास' है! दूर का ढोल सुहावना होता है या दूसरे शब्दों में कह लीजिए—घर की मुर्गी दाल बराबर। मुझे तो गाँव में शहर याद आता है और शहर में गाँव। गाँव में आकर मैं शहर की कहानियाँ लिख लेता हूँ।

सु० कु० : क्या गाँव वालों के जीवन-दर्शन को आलस्य से उद्भूत जीवन-दर्शन कहना उचित होगा?

रेणु : हाँ, गाँव वालों का कोई ऐक्टिव जीवन-दर्शन नहीं होता, क्योंकि जीवन-दर्शन वस्तुतः परम्परा, परिस्थिति और परिवेश-सापेक्ष होता है, संघर्ष-सापेक्ष कम। हो सकता है, यही आगे चलकर 'एक्टिव' मालूम पड़ने लगे, जिसे आप अभी 'आलस्य से उद्भूत' कह रहे हैं।

सु० कु० : अच्छी फसल का प्रभाव ग्रामीणों के रहन-सहन के स्तर पर कैसा पड़ता है? प्रभाव पड़ता भी है?

रेणु : क्यों नहीं? अगहन महीने में जरा गाँव में घूम जाइए तो देखिएगा कि जो व्यक्ति पहले से बीड़ी पीता होता है, उन दिनों सिगरेट पीता है। पान खाता है, अच्छे कपड़े पहनता है, सिर में चुल्लू-भर तेल डालता है, बातें ज्यादा और काम कम करता है।

सु० कु० : सरकार के जन-सम्पर्क-विभाग के बारे में आपका क्या खयाल है? जन-सम्पर्क के लिए जो माध्यम अपनाये गये हैं, क्या आप उनसे सन्तुष्ट हैं?

रेणु : जन-सम्पर्क-विभाग का क्या काम है, मैं नहीं जानता। एक गाड़ी पटने में देखता हूँ, जिस पर 'जन-सम्पर्क-विभाग' लिखा होता है। जब कोई बड़ा आदमी मर जाता है तो उस गाड़ी में से राम-धुन बजाया जाता है। कर्फ्यू या 144 धारा, जो प्रायः लगते ही रहते हैं, के लागू होने पर उस गाड़ी से घोषणा की जाती है।

सु० कु० : शहर की समस्याओं को गाँव के सन्दर्भ में उठाना क्या नितान्त अनुचित होगा?

रेणु : सच पूछिए तो शहर को गाँव से 'कम्पेयर' करने का सवाल ही नहीं उठना

चाहिए। दोनों के सर्वथा विलग परिप्रेक्ष्य होते हैं। गनीमत है कि गाँव में शहर का हर 'ट्रबुल' नहीं आया। गाँव में शहर वाला 'टेन्शन' भी नहीं है।

सु० कु० : गाँवों का शहरीकरण या शहरों का ग्रामीकरण—इन दो विकल्पों में से आप किसे पसन्द करेंगे और क्यों? गाँवों की भौतिक प्रगति का लक्ष्य क्या 'शहर होना' ही नहीं है? यदि नहीं तो फिर गाँवों की नियति?

रेणु : सवाल शहर और गाँव का नहीं, आदमी का है। 'मैला-आँचल' में मैंने कहा था कि आदमी बनाना है, आदमी अभी बना कहाँ है? आजादी के बीस साल हो गये लेकिन आदमी अभी तक आदमी नहीं बना। बिगड़ा ही है और भी ज्यादा।

'परती : परिकथा' में भी मैंने इसी तरह की कुछ बातें कही थीं कि अब मनुष्य को यन्त्र चला रहा है। 'टेक्नॉलॉजी' के युग में हम लोग जीवन-उपभोग का मूल तकनीक ही खो बैठे हैं। हजारों-हजार जनता के बीच भी हरेक आदमी विच्छिन्न है, अकेला है। हँसी-खुशी, उत्तेजना-अवसाद, आनन्द-उल्लास सभी यान्त्रिक हैं। धरती की पपड़ी टूट गयी है, मन की पपड़ी ज्यों की त्यों पड़ी हुई है। वीरान होती जा रही है। लगता है मन को छूने वाला मन्त्र ही हम भूल गये हैं।

सारे देश में निराशा का वातावरण है, लेकिन इस वातावरण में रहते हुए भी मैं निराश नहीं हूँ। गाँव में अब भी सुकून है। सुकून शहर में नहीं है। गाँव में मैं एक प्रकार का आश्वासन पाता हूँ। इसीलिए तो गाँव चला आता हूँ बराबर।

...तब राजेन्द्र नगर में प्लॉटों की बिक्री हो रही थी। कुछ बन्धु वहाँ घर बनाने के लिए मुझे उकसा रहे थे। मेरे पास उन दिनों कुछ हजार रुपये भी थे, सो जी ललच रहा था मेरा भी! मित्रों ने कागज-पत्तर ठीक कर रखा था। उन्हीं दिनों वी. पी. (नेपाल के भूतपूर्व प्रधान-मन्त्री विशेश्वर प्रसाद कोइराला) ने मुझसे कहा—"राजेन्द्र नगर में ही क्यों घर बनाना चाहते हो? शिमला-मसूरी-सिलीगुड़ी आदि में क्यों नहीं?...जब गाँव छोड़ देना ही है, तो फिर पटने में ही घर बसाने में क्या तुक है? तुम कोई बैरिस्टर-वगैरह भी तो नहीं कि तुम्हें पटने में 'ऑफिस अटैण्ड' करना होगा!"

वी. पी. की बात मुझे जँच गयी, और मैंने वह विचार त्याग दिया। पूर्णिया जिले— अपनी 'नेटिव' जगह से मुझे खासा मोह है। यह अभी की बात नहीं है, जब जमीन बंजर ही थी तभी से पूर्णियाँ का उच्चारण-मात्र मुझे रोमांचित करता रहा है।

...तो आपका प्रश्न। शहर का ग्रामीकरण होने से तो रहा। गाँव का शहरीकरण भी—जिस बुरे (!) 'सेंस' में आप प्रयोग कर रहे हैं, अलम् नहीं। हाँ, सरकार गाँवों को मॉडर्न घर तथा आवागमन की सुविधाएँ दे। इसके अलावा स्वास्थ्य, शिक्षा, को-ऑपरेटिव बैंक आदि की सुविधाएँ गाँवों को मिलनी अनिवार्य हैं।

सु० कु० : आज की प्रतिपल ह्रासोन्मुखी स्थिति में हम किस प्रकार के लेखकीय दायित्व की अपेक्षा करें?

रेणु : मान लीजिए सामाजिक नैतिकता का ह्रास हुआ तो इसका मतलब क्या

यह है कि अब 'सदा सत्य बोलो'–जैसी चीज लिखी जाए? आदर्श यथार्थ से और यथार्थ आदर्श से निरपेक्ष कैसे हो सकता है?

हम फिर लहलहाती हुई फसल के बीच थे। यह लहलहाती हुई फसल प्रतीक है आशावादिता का। '...उठ जित्तू चाउर पूरे'–'परती : परिकथा' की पण्डुकी का 'चाउर' पूर गया है...अब वह जित्तू को कहानियाँ सुना सकती है। 'मैला आँचल' का डॉक्टर जेल से छूटकर कमली को वरने आ गया है। 'दीर्घतपा' की 'हॉस्टल-सुपरिण्टेण्डेंट और 'जुलूस' की पवित्रा...सबका समापन एक स्वर्गीय आलोक में होता है। जीवन के हर क्षेत्र...साहित्य, कला, संस्कृति, फिल्म, कृषि...में 'रेणु' जी पूर्णतः आदर्शवादी हैं, आशावादी हैं। बने रहना चाहते हैं। यह आशावादिता जीवन के सम्पूर्णतः स्वीकार, जीवन के प्रति गहरी निष्ठा से ही सम्भव है।

परती के दिन फिरे हैं।...

ज्ञानोदय/अक्तूबर, 1968

बीमारों के देश में...

...'लास्ट मोमेंट' जैसी मेरी आदत है। उपन्यास लिखूँगा, मगर नामकरण नहीं किया जाएगा। मैटर प्रेस में चला जाएगा, तब कुछ नाम सोचूँगा। कहानियों के साथ भी यही स्थिति है। कमलेश्वर तो काफी छूट देता है। मगर मार्कण्डेय घबरा गया। 'माया' का विशेषांक निकल रहा था। एक कहानी जल्दी-जल्दी भेज दी थी। फिर सोचा, यह बात साफ नहीं हुई है। एक पोस्टकार्ड गिराया : 'फ़ेयर' करते समय ये पंक्तियाँ छूट गयी हैं, जोड़ लो। दूसरे दिन फिर लगा कि इतना और जुड़ना चाहिए। फिर कार्ड गिराया। तब मार्कण्डेय का पत्र मिला—बस-बस, अब कहानी प्रेस में दे रहा हूँ, अब नहीं...!

इन बातों के अलावा अपनी बीमारी के लम्बे अनुभव प्रसिद्ध कथाकार रॉबिन शॉ पुष्प को बता रहे हैं रेणु जी!

गाँव में था। लेकिन माँ ने कहा, लतिका अकेली होगी। दशहरा करती है। तुम्हारे बिना उसे अच्छा नहीं लगेगा। मैं पटना आ गया। तीन दिन बाद तार मिला। माँ का देहान्त हो गया...फिर गाँव चला गया। सारी जिम्मेदारियों को निभाने के बाद, पटना लौटने का विचारा आया। लेकिन धान पक चुका था। खुद मैंने खेती करवाई थी, सो रुक गया। सोचा, धान कटाकर ही लौटना ठीक रहेगा। 6 दिसम्बर की बात है। 7 बजे शाम पेट में दर्द उठा। वैसे मैं काफी तन्दुरुस्त था। केवल कुछ अपच जैसा लगा। दूध-चाय के लिए लोगों ने पूछा। मैंने मना कर दिया, अपने कमरे में अकेला था। रात दस बजे से साँस लेने में तकलीफ होने लगी। पेट एकदम कड़ा हो गया। ठुड्डी तक ठेहुने पर नहीं रख सकता था। जाड़े की रात। किसी को कष्ट देकर भी क्या होता। डॉक्टर गाँव से आठ मील दूर फारबिसगंज में। सोचा, किसी तरह रात खेप लूँ। लेकिन

पसीना शुरू हो गया। तभी एक नौकर आया। मैंने इशारे से आग जलाने को कहा। जानता था, अगर देह में गरमी नहीं जाएगी और पसीना बहता रहेगा, तो 'राम-नाम-सत्' में देर नहीं है। पसीना इतना बहा, कि पोंछते-पोंछते पूरी एक धोती भीग गयी। किसी तरह लड़ते-लड़ते सुबह हो गयी। चार बजे सुबह ही धान की दबनी होने लगती है। बैल हाँकने एक नौकर आया। उसे इशारे से कहा कि चचेरे भाई को बुला दो। भाई को तार की भाषा में इतना ही कहा—"हमारी हालत ठीक नहीं है। महानन्द झा डॉक्टर से कहो कि 'पेप्टिक अल्सर' का कोई कंप्लिकेशन है। हालत अच्छी नहीं।"

मेरा गाँव औराही-हिंगना है। फारबिसगंज वहाँ से आठ मील दूर। घोड़ा कसकर वे लोग चल दिये। तभी मुझे खयाल आया, डॉक्टर को आने में तो काफी समय लग जाएगा। उनके पास मोटर है, जीप नहीं। बिना जीप के आना तो सम्भव नहीं। लेकिन लोगों ने अक्ल से काम लिया। वे ब्लॉक के डॉक्टर के पास चले गये। वहाँ से जीप लेकर आगे बढ़े। 8 बजे तक ब्लॉक के डॉक्टर महानन्द झा को लेकर आ गये। मुझे सुई दी गयी। फिर जीप के पीछे खूब पुआल बिछाकर, मुझे फारबिसगंज ले आये। 20 पाइंट सलाइन चढ़ाया गया, लेकिन एक मुसीबत शुरू हो गयी। मिनट-मिनट पर हिचकी आने लगी। किसी प्रकार वहाँ के डॉक्टरों ने इस लायक बना दिया कि पटना आ सकूँ। कई तार इधर-उधर दिये गये। समाचार पाकर लतिका भी आ गयी थी। फर्स्ट क्लास कूपे में डालकर लोगों ने 14 दिसम्बर को पटना की यात्रा शुरू की। परन्तु बरौनी में गाड़ी ही छूट गयी। मोकामा तक टैक्सी से आना पड़ा। 15 दिसम्बर को जब पटना पहुँचा, तो लोग अस्पताल लाना चाहते थे और लतिका घर। जीत लतिका की ही हुई। घर आया। तिमंजिले पर जाना पड़ा। दूसरे दिन ही डॉक्टर अभय पहुँचे। अपने ही इलाके के हैं। मुझसे दो साल सीनियर। वे उठाकर अस्पताल ले आये। अब यहीं से डबल अटैक प्रारम्भ हुआ। इलाहाबाद से फोन। भोला शास्त्री का फोन...ट्रिन ...ट्रिन...और डॉक्टर अभय कहते—"अभी कुछ नहीं कहा जा सकता। एक पाँव कब्र में डालकर तो आया है। हम खींच रहे हैं। देखिए..."

21 को खतरा कुछ कम हुआ। अब तक 30 पिंट पानी और 1000 सी. सी. खून चढ़ाया जा चुका था। डॉक्टर अभय ने एस्पिरिन और सोने की दवाओं के लिए मना किया था। लेकिन जो भी हाउस-सर्जन आता, वही दर्द की दवा लिखता। नाक में ट्यूब थी। मैंने साफ करने को कहा। किसी ने कुछ ध्यान नहीं दिया। मैंने निकाल दिया, तो वे शोर मचाने लगे कि पेशेंट जिद्दी है। जब डॉ. अभय ने मुझे कहा कि ऐसा करना ठीक नहीं, तब मैंने कहा कि आपने जिन दवाओं पर प्रतिबन्ध लगाया है, क्या उन्हें ही देना ठीक है। और मैंने हाउस-सर्जनों का लिखा पर्चा दिखा दिया। किसी में सोने की दवा, किसी में नोवल्जिन। पता नहीं, फिर क्या हुआ, कि वे हाउस-सर्जन मुझे दोबारा नहीं दिखे।

21 को ही गवर्नर का आदेश आ गया कि मुझे सारी सुविधाएँ दी जाएँ। लेकिन जैसे यह 'क्राइसिस पीरियड' था। रोज कोई-न-कोई मरता। और रोनेवालियों की आवाज। मुझे ऐसा लगता, कि कल जो आवाज थी, आज भी वही आवाज है। एकदम वही आवाज। लतिका से कहा, उसने भी कहा—बिल्कुल कल जैसी आवाज! मैं सोचता, कहीं मेरा भ्रम तो नहीं। फिर सोचता, शायद रोनेवालियों की एक टोली हो। यह अस्पताल भी तो एक देश है। जिसका कोई नहीं, वहाँ ये रोने आ जाया करती हैं, क्योंकि यहाँ भी 'बिजनेस' होता है। बाहर जो चाय वाला बैठता है, वह चाय के साथ-साथ चूल्हे का भी व्यापार करता है। रोटी सेंकिए तो इतने पैसे। चावल बनाइए तो इतने पैसे। फलवाला यह कभी नहीं सोचता कि रोगियों के लिए फल ले जाना है। वह खराब-से-खराब माल लाता है। किताबें भी बिकती हैं। हेल्थ एण्ड हाइजिन, नंगी तसवीरों की पुस्तकें भी खपती हैं। सचमुच यह बीमारों का देश है। यहाँ क्या नहीं है—प्यार, झूठ, फरेब, व्यापार...सब कुछ तो है!

किसी डिब्बे की तरह यार्ड में पड़ा था। लेकिन इस बीमारी ने फिर पिछली बीमारियों से जोड़ दिया है। 1942 में जब जेल में था, बीमार पड़ा था। फिर 1952 में टी. बी.। एकदम अन्तिम घड़ी थी। आसमान पर बादल, न पानी बरसता था, न बदली छँटती थी। उमस। नल बन्द हो गया। पानी के लिए लोग चिल्ला रहे थे। तभी बिजली चली गयी। घुप्प अँधेरा। फिर कुछ जलाया-वलाया गया। किसी तरह मैंने सुराही की तरफ हाथ बढ़ाया। वह गिर गया। पानी छितर गया। एक रोगी घिसटकर आया। और चाटते-चाटते समाप्त हो गया। मुझे लगा, मर तो रहा हूँ, लेकिन इतना कुछ जो मेरे भीतर है, उसका क्या होगा? क्या सब यूँ ही निरर्थक चला जाएगा? तभी एक दाढ़ी वाला पागल जैसा आदमी सामने आ जाता है। ठहाका लगाता है। बंगला बोलता है। पूछता है—"तुमने सोने की कलम (पार्कर-51) से मेरा नाम कितनी बार लिखा?..." मैं सोचता हूँ, यह कौन? इसका नाम मैंने लिखा या नहीं...फिर वह गाँजे की धुआँ मेरे मुँह पर फेंककर कहता है—"दुर साला, तोमार किच्छुइ हॉयनि! तुमी भालो..." और गायब हो जाता है। दूसरे दिन से ही मैं प्रगति करने लगता हूँ। मुझसे जो बेहतर लोग थे, वे आश्चर्य करते हैं, कि क्या यह चमत्कार हो गया है। मैं उन्हें बहुत पीछे छोड़ देता हूँ। अच्छा होकर जब अस्पताल से निकलता हूँ, तो सबसे पहले एक किताब की दूकान पर जाता हूँ। दुकानदार बंगला की एक किताब सामने फेंक देता है। बहुत सुन्दर आवरण। रामनामी चादर की तरह। खोलता हूँ, वही बूढ़ा... हाँ-हाँ, वही बूढ़ा। एकदम वही। मगर ये तो परमहंस हैं और फिर आस्था, विश्वास, दीक्षित होना। और लिखना, 'मैला आँचल'। जिसने मुझे ऊँचाई दी...लेकिन इस बार लगा, अभी वह बूढ़ा आएगा और कहेगा, "साला अनेक हयेछे लेखा पड़ा। एखन तोमार माथाए किच्छुई नाई। एबार चौल।" एकदम कमजोर हो गया था। हाथ इधर रखता था तो हाथ उधर चला जाता था। सबका चेहरा ऐब्सट्रैक्ट लगता था। जो देखने आते, उन्हें देखकर सोचता, इसका चेहरा इतना विकृत क्यों है, यह कौन है...धीरे-धीरे मुझे लगने लगा, यह माया-मोह क्यों! एक दिन तो सबको मरना है। मुझे भी।

फिर क्यों न एकदम तटस्थ होकर मृत्यु को स्वीकार लिया जाए। वेदान्त, शंकर जो भी मैंने पढ़ा था, सब सामने था। बस, अब मैं एकदम तटस्थ हो गया था, लगता था, टिकट जेब में। गाड़ी आने की देर है। आते ही सवार हो जाना है। सो मैं गाड़ी की प्रतीक्षा करने लगा। लेकिन जीवन में ऐसा कहाँ हुआ है। मैंने कभी प्रतीक्षा नहीं की। स्टेशन जब भी पहुँचा हूँ कि गाड़ी खुलती रहती है, झट चढ़ गया हूँ। हरदम हड़बड़ी में रहा हूँ।

शीला : "लिखने में भी यही बात होती है?"

रेणु : 'लास्ट मोमेण्ट' जैसी मेरी आदत है। उपन्यास लिखूँगा। मगर नामकरण नहीं किया जाएगा। मैटर प्रेस में चला जाएगा, तब कुछ नाम सोचूँगा। कहानियों के साथ भी यही स्थिति है। कभी-कभी तो लिफाफा खोलकर नाम बदलता हूँ। 'आदिम रात्रि की महक' के कई नाम सोचे। 'आदिम गन्ध', 'महक की महक' फिर सोचा, चलो सीधा-सा नाम रख दो, 'करमा की कहानी'। लेकिन नहाते समय फिर खयाल आया, 'आदिम रात्रि की महक' और फिर लिफाफा खोलकर यही नाम दे दिया। 'नयी कहानियाँ' में आयी थी यह कहानी। कमलेश्वर तो काफी छूट देता है मगर मार्कण्डेय घबरा गया। 'माया' का विशेषांक निकाल रहा था। एक कहानी जल्दी-जल्दी में भेज दी थी। फिर सोचा, यह बात साफ नहीं हुई है। एक पोस्टकार्ड गिराया, 'फेयर करते समय ये पंक्तियाँ छूट गयी हैं, जोड़ लो।' दूसरे दिन फिर लगा कि इतना और जुड़ना चाहिए। फिर कार्ड गिराया। तब मार्कण्डेय का पत्र मिला—"बस-बस, अब कहानी प्रेस में दे रहा हूँ। अब नहीं।"

मैं उस समय एक बात सोचता था, कि यदि मैं मरने वाला हूँ तब तो सब कुछ बदल जाना चाहिए था। लेकिन लतिका तो अब भी पहले की तरह ही डाँटती है। शायद कहीं कुछ नहीं बदला है तब तो...फिर लगातार यह सब क्यों! जीवनी शक्ति ही नहीं है...कि एक सज्जन जिनसे मैंने कुछ भी नहीं कहा, कहते हैं—'जीवनी शक्ति तो भरपूर है। आपको कुछ नहीं होगा। जल्दी अच्छे होकर प्राकृतिक चिकित्सा करवाइए।"

कुछ दिनों से काफी दुःखी था। जब रोग का दोषारोपण रोगी पर किया जाता है, तब कितना दुःख होता है। बड़े-बूढ़े कहते, अपनी चाल से यह हालत बना ली है। तभी बगल की बेड पर एक रोगी आया। एकदम यही बीमारी। वह न पान खाता, न सिगरेट-दारू पीता। सुपारी तक नहीं। उसे क्यों यह बीमारी हुई?...मुझे काफी बल मिला। फिर मैंने तो ऐसा कभी नहीं पिया, कि कहीं लुढ़क गया हूँ। जहाँ तक हुआ है, दूसरों को घर भी पहुँचाया है। पीना कैसे शुरू हुआ? अरे, जैसे हर काम शौक से होता है। चार यार-दोस्त के साथ पीने लगा। मगर बाद में, राजेन्द्रनगर में बन्द होकर पीने लगा, तब तो बाबा मामला गम्भीर!

सबसे पहले राजकमल[1] का नक्शा मेरे सामने आया। फिर वही साहित्यिक ग्रुप।

---

1. राजकमल चौधरी : प्रसिद्ध कवि-कथाकार।

अखबार में भूल से भरे वक्तव्य। सरकार ध्यान दे। चन्दा। और तब मैंने नरेन्द्र से कहा, कि मेरी बीमारी के बारे में किसी को पता नहीं चलना चाहिए। आखिर साहित्यकार के बीमार पड़ने पर इतना हंगामा क्यों होता है? मुक्तिबोध से रामकमल तक इतना शोर क्यों? और कोई बीमार पड़ता है, तब यह बात क्यों नहीं होती? यह सब बेकार है।

गीता : "साहित्यकार जो लिखता है, उससे लोगों का सम्बन्ध जुड़ जाता है। अपनी रचना के माध्यम से वह सम्बन्धी बन जाता है। और अपने लोगों का हाल अपने लोग पूछते ही हैं। उनके दुःख से खुद को दुःख होता है। जो रात-दिन ब्लैक या बेईमानी करते है, उस व्यापारी के बीमार पड़ने पर क्या सहानुभूति हो सकती है? मन को लगेगा, अच्छा हुआ, साला बड़ा चोर था।"

रेणु : "हाँ, ऐसा तो है। दरभंगा से एक छोटा-सा पत्र मिला था। लिखने-वाले ने लिखा था—'आप से कभी भेंट नहीं हुई। कुछ नहीं माँगा। लेकिन बस इतना माँगता हूँ कि आप जल्द अच्छे हो जाएँ।' दूसरा पत्र था—जैसा कि हम जानते हैं, एक लम्बी बीमारी ने आपसे 'मैला आँचल' लिखवाया। ये कहना अच्छा तो नहीं, पर कभी-कभी श्राप भी वरदान बन जाता है। आगे बीमारी भी आपसे वैसी ही कोई चीज लिखवाएगी।"

जनरल वार्ड से कॉटेज में आ गया हूँ। लेकिन लिखने के लिए छटपटा रहा हूँ। मगर यहाँ लिखना होगा नहीं। बिना घर जाए सम्भव नहीं। घर में पेट के नीचे तकिया दबाकर लिखता हूँ। वह भी रात में। लगता है, रात मेरे लिए बनी है। बस, लिखता हूँ। जिस दिन लिखना होता है, खीर या कोई हल्की चीज खाता हूँ। करीब-करीब लिखना समाप्त कर खुद ही कॉफी बनाकर पीता हूँ। और जमकर आठ बजे तक सोता हूँ। लोग कहते हैं—अरे, अभी तक सो रहे हो? लेकिन यह सोना अच्छा लगता है, क्योंकि रात-भर काम किया है। शराब पीकर लिख नहीं सकता। जिस दिन पी लेता हूँ जल्द सो जाता हूँ। फिर तड़के नींद टूट जाती है। लोग खुश होते हैं, कि आज रेणु बाहर सुबह-सुबह घूम रहा है। अरे, घूमेगा नहीं तो क्या करेगा? मेरे खयाल से लिखना तो खुद एक नशा है। जब लिखने का नशा चढ़ जाए, तो शराब क्यों सूझेगी?

''आप आराम से बैठिए न।''

रेणु : "ये कुफ्री तरीका है। जरा दो जानू होकर बैठ जाऊँ।" दोनों पैरों को पीछे समेटकर बैठ जाते हैं।

"कुछ समझा नहीं?"

रेणु : "मुसलमानों के साथ खूब रहा हूँ। एक-एक चीज जनता हूँ। कितनी बार नमाज पढ़ी जाती है। कितनी तरह की नमाज होती है।"

दिन में एक चिट्ठी भी नहीं लिख सकता हूँ। रेडियो पर जब काम मिला, तो सामने टेबुल। समझ नहीं आता कि इस पर किस प्रकार लिखा जाएगा। बिस्तर पर

पेट के नीचे तकिया दबाकर लिखने की आदत है। खैर, बाद में रेणुजी ब्राडकास्ट के दस मिनट पहले किसी स्टूडियो में बन्द होकर स्क्रिप्ट लिखने लगे। लेकिन खाक लिखा! फिर कहानी देखते समय...यहाँ एस्प्रो। कलम रुक जाती। नाम न कहीं जाना चाहिए। एक बार भी नाम चला गया तो विज्ञापन हो जाएगा। फिर यह अश्लील है, वह अश्लील है, और बाद में तो ऐसा हो गया कि कोई भी अपनी चीज घर में लिखने बैठता तो लगता यह नाम...यह बात...बड़ी दिक्कत होने लगी। अन्त में तंग आकर नौकरी ही छोड़ दी।

अनुभव के लिए हर कथाकार अथवा लेखक को एक बार अस्पताल में भर्ती होना चाहिए। पहले जनरल वार्ड में आना चाहिए, फिर चिन्तन के लिए कॉटेज में।

पिछली बार देखा था, एक 10-12 साल का लड़का बीमार था। उसकी माँ को छह महीने तक रात में सोते हुए नहीं देखा। वह यमराज से लड़ रही थी। और मैं 'हेड-टेल' किया करता था। लेकिन वह जीत गयी। एक दूसरी माँ भी सामने आयी दरभंगा से, इलाज करवाने के बाद वह बेटे को लेकर आयी। रात में वह रोगी चिल्लाता। तब वह नाराज हो गयी। "तीन महीना तो दरभंगा में तंग किया। अब यहाँ भी चैन नहीं देगा। न खुद सोता है, न सोने देता है। ऊपर से मच्छर। एक तुम ही बेटे नहीं हो कि तुम्हारे लिए ही मरती-खपती रहूँ..." और वह बेटा, एकटक माँ को देखता रहा। फिर धीरे-धीरे उसने आँखें बन्द कर लीं। हमेशा के लिए...इस मौत ने मुझे हिला दिया।

फिर एक पत्नी सामने आयी। खाना लाती। लेकिन मैं देखता, उसके साथ में एक नौजवान आता है। दोनों दस मिनट तक बाहर बातें करते हैं, फिर वह खाना खिलाती है। मगर बीच-बीच में उधर देखकर मुस्कराती है। 20 नम्बर यह सारी बातें नहीं देख पाता है। एक दिन उसका खाना नहीं आता है। मुझे परेशानी होती है। 20 नम्बर का खाना नहीं आया। हर किसी को चिन्ता होती है। 3 बजे वह पाव रोटी निकालकर खाता है। पूछने पर कुछ नहीं कहता। लेकिन रात में वह रोने लगा। और जब बड़ा आदमी रोता है, तब किसी खास कारण से रोता है। उसकी हिचकी बँध गयी। दूसरे दिन उसने कमीज पहनी। नर्स के लाख रोकने पर भी जाने लगा। थोड़ी दूर जाते ही गिर गया। फिर समाचार मिला, वह मर गया। उसकी औरत, उसी नौजवान के साथ भाग गयी थी।

मैं देखता हूँ। ब्लड की बोतल में अनार के दाने। बड़ा आश्चर्य होता है। लतिका से कहता हूँ, वह भी देखती है—हाँ, एकदम अनार के दाने। तभी दोनों हाउस-सर्जन देखते हैं। एक पूछता है—यह क्या है, यार? दूसरा कहता है—काँच की गोलियाँ। फिर पहला पूछता है—मगर इसमें क्यों? अब दोनों आश्चर्य से देखते हैं। समझ नहीं पाते कि गोलियाँ क्यों हैं? मुझे अच्छा लगता है। मेरे आश्चर्य और एम.बी.बी.एस. हाउस-

सर्जन के आश्चर्य में अन्तर है।

ऑपरेशन-डे। जानता हूँ आज ब्लड भी चढ़ना है, लेकिन कोई अच्छे डॉक्टर तो हैं नहीं। सब ऑपरेशन में व्यस्त होंगे। मैं अपने हमबीमारों से कहता हूँ–"होशियार हो जाओ। आज खैर नहीं।" और सचमुच एक अजनबी हाउस-सर्जन आता है। साथ में वही दुबली-सी लड़की, जो बराबर मुझे ब्लड चढ़ाया करती थी। तीन लोगों को ब्लड दिया जाना था। मैं बहाना बनाता हूँ, 19 नम्बर को पहले दीजिए। मैं खाना खाता हूँ। वह 17 नम्बर के हाथ में वेन खोजता है। एक हाथ छलनी कर देता है। मैं धीरे-से कहता हूँ–अब दूसरे हाथ में खोजिए। और कमाल, वह 17 नम्बर के दूसरे हाथ में वेन खोजने लगता है। वहाँ भी नहीं मिलने पर मेरे पास आता है। मैं ना करता हूँ तो बिगड़ जाता है। खैर, मैं बायाँ हाथ बढ़ाता हूँ–"इधर बायें हाथ में ट्राई कीजिए। यदि यह हाथ खराब भी हो गया, तो कोई बात नहीं। दाहिना सलामत रहेगा, तो लिखकर कमा खाऊँगा।" वह घूरकर देखता है। मैं हमेशा अपनी चीजें रखता हूँ। मैंने अपनी सुई दी। उसने एक बार प्रिक किया। दो बार। मैंने कहा–बी. ऑफ.। इस लड़की को देने दो। वह नाराज हो गया–"यह नर्स ब्लड नहीं देगी। यह डॉक्टर का काम है।" मैंने नर्स को इशारा किया। जाने उसे क्या सूझी कि वह पास आ गयी। उसने रबड़ भी नहीं लगाया। बस लतिका को हाथ से पकड़ने को कहा और एक प्रिक में वेन मिल गयी। एम.बी.बी.एस. सर्जन मुँह ताकते रह गये।

हर वार्ड में एक पागल होता है, जो सबको हँसाता है। डॉक्टर का अज़ीज़ बन जाता है। ऐसा ही एक पागल जनरल वार्ड में है। उसका नाम है भुवनेश्वर। कहता है– "भू का अर्थ है पृथ्वी। नश्वर का, नाश करने वाला। मैं एक दिन इस पृथ्वी को नाश कर दूँगा।" सप्ताह में दो दिन ऑपरेशन-डे। एक दिन चिल्लाएगा, "आज तुम लोग कोई तैयार मत हो। आज तो मेरा ऑपरेशन होगा। मुझमें ही आठ घण्टे लग जाएँगे।" दूसरे दिन मुँह लटका लेगा–"अब कुछ करना ही होगा। ये डॉक्टर लोग ऐसे ही टल्ली मारेंगे। अब तो गवर्नर से मिलना होगा। मगर वे डॉक्टर लोगों को ही डाँटेंगे। फिर कहीं गुस्से में डॉक्टर ने ऑपरेशन कर दिया तो"...और एक बार जाती हुई नर्स को आवाज देगा–"सुनो जिगरी दोस्त..."

सुबह गैस्ट्रिक से काफी तकलीफ थी। तभी पद्मश्री मिलने की खबर मिली। मुझे कोई इससे लाभ नहीं हुआ। हाँ, दवा खाने से फायदा जरूर हुआ। वैसे भी, मेरी समझ में यह बात नहीं आती कि उपाधि देने का आधार क्या है? अनुभव? आयु? आखिर क्या? कहाँ सोहनलाल द्विवेदी और कहाँ मैं! उन्हें या तो पद्मभूषण मिलना था या फिर मुझे। पंकज मल्लिक कितने पुराने आदमी हैं। लकवा मार जाने के बाद भी साधना करते हैं। रेडियो पर संगीत-शिक्षा देते हैं। लेकिन उन्हें और मुझे एक साथ उपाधि मिलती है। ईश्वर इस प्रकार की उपाधि और व्याधि से बचाए। लेकिन एक बात जरूर हुई है कि अब मैं भी वी.आई.पी. बन गया हूँ। सोचता हूँ, गाँव में यह

खबर फैली होगी। अलाव के पास आग तापते हुए किसी ने कहा होगा, कि "रेणु को पद्मश्री...(सिरी)...मिल गयी। किसी बुद्धिहीन ने सुना होगा...सिरी...सि... उसने बात फैलायी होगी, "रेणुजी तो पहले ही बीमार थे, अब सरकार ने उनका नाम 'सी' क्लास में लिख लिया है, अभागा!"

जो भी हो, मार्च में विज्ञान भवन जाऊँगा, देखूँगा कैसा होता है फंक्शन।

मन लिखने के लिए छटपटा रहा है। डेरें पर चला गया था। यहाँ के लोगों को जो बख्शीश-इनाम देना था, दे दिया था। सर-सामान के साथ दो बजे डेरे पहुँचा। सोचा, अब लिखेंगे जमकर। उपन्यास शुरू कर रखा है। 'मैला आँचल' और 'परती : परिकथा' से आगे की कड़ी। दो-तीन अध्याय और शेष हैं। और आ धमके डॉ. अभय। बिगड़ने लगे—"क्यों आ गये तुम?" मैंने डिस्चार्ज वाला कागज दिखाया। वे देखते रहे—"अच्छा इसे भी देखूँगा। तुम अभी चलो। भर फरवरी वहीं रहना होगा। अभी और ब्लड चढ़ेगा।" फिर 11 बजे रात में वापस कॉटेज में आ गया हूँ।

22 जनवरी को, जनरल वार्ड की खिड़की से राजेन्द्र अवस्थी ने कहा था—"रेणु इज गॉन। बालों के बिना रेणु कहाँ!"

बचपन में मनौती मानी गयी थी। बालों को बढ़ाया गया था। और एक दिन गाँव के नाई ने बेरहमी से छील दिया...खरोंच। फिर नाई के नाम से ही भय लगने लगा। मैं तेल नहीं के बराबर लगाता हूँ। यदि लगाता हूँ, तो तेल-साबुन साथ कि चिपचिपापन नहीं रहे। तेल भी जवाकुसुम। फिर केश-साधना शुरू करूँगा। सिर ढंका रहता है। अच्छा लगता है। लोग पौधों की देखभाल करते हैं, बालों की देख-भाल हॉबी है।

'तीसरी कसम' (फिल्म) के कारण नर्सें मेरा विशेष खयाल रखती हैं। लेकिन उ.प्र. की एक नर्स मेरी बड़ी सेवा करती है। उसने मुझे काफी पढ़ा है। एक दिन मैं पूछता हूँ—"मेरी इतनी सेवा कर तुम्हें क्या मिलेगा?" वह मुस्कराती है—"सेवा का तो हमने व्रत ही लिया है। जब कोई रोगी अच्छा हो जाता है, तब किसी माँ को बेटा मिलता है, किसी पत्नी को पति, किसी बच्चे को पिता, लेकिन हमें क्या मिलता है। आपके मामले में हमारा कुछ स्वार्थ है। आप अच्छे होकर जाएँगे, तब हमें कोई-न-कोई अच्छी किताब पढ़ने को मिलेगी। आप अच्छे होकर लिखेंगे न?"

सोचता हूँ, इस अस्पताल से जितनी जल्दी छुट्टी मिले, बेहतर है, जाकर पुस्तक लिखनी है न...

नोट :

पुष्पजी, अभी मेरे नाम के आगे पद्मश्री मत जोड़िएगा। बाल कट जाने से श्रीहीन हो गया हूँ। सिंह अपने लच्छों के कारण जँचता है। चेहरा जरा भर जाए, फिर यह भारी-भरकम उपाधि ठीक लगेगी तब कहिएगा—'पद्मश्री फणीश्वरनाथ रेणु।'

धर्मयुग/सं. डॉ. धर्मवीर भारती/19 अप्रैल, 1970

टूटता विश्वास

"पूर्णिया जिले में इतनी परती ज़मीन थी कि वह बिहार का बखार कहा जाता था। परती ज़मीन आबाद होने लगी, मेरे बाप-दादा क्या पुरखे तक नहीं जानते थे कि इस ज़मीन में कुछ होने वाला है। अपूर्व उत्पादन होना शुरू हुआ। इस हरी क्रान्ति के या जो भी नाम दे दिया जाए, उसके होते हुए लोग वकालत, प्रोफेसरी छोड़कर खेती करने लगे और जो गरीब खेती करने वाले थे वे टुकुर-टुकुर देखने लगे। किसी भी पार्टी में वह दमखम नहीं है कि जमीन के सवाल को लेकर लड़ाई लड़े, न ही किसानों और भूमिहीनों को किसी के कार्यक्रम पर भरोसा है।"

पूर्णिया जिले के सन्दर्भ में भूमि-समस्या के बारे में विस्तार से दिनमान-सम्पादक व प्रसिद्ध कवि रघुवीर सहाय को बता रहे हैं रेणु जी!

धूसर, वीरान, अन्तहीन, प्रान्तर।

पतिता भूमि, परती जमीन, वन्ध्या धरती...

धरती नहीं, धरती की लाश, जिस पर कफन की तरह फैली हुई हैं—बालूचरों की पंक्तियाँ। उत्तर नेपाल से शुरू होकर, दक्षिण गंगा तट तक, पूर्णिया जिले के नक्शे को दो असम भागों में विभक्त करता हुआ—फैला-फैला यह विशाल भूभाग। लाखों एकड़ भूमि, जिस पर सिर्फ बरसात में क्षणिक आशा की तरह दूब हरी हो जाती है।

सम्भवतः तीन-चार सौ वर्ष पहले इस अंचल में कोसी मैया की यह महाविनाश लीला हुई होगी। लाखों एकड़ जमीन को अचानक लकवा मार गया होगा। एक विशाल भू-भाग, हठात् कुछ से कुछ हो गया होगा। सफेद बालू से कूप, तालाब, नदी-नाले पट गये। मिटती हुई हरियाली पर हल्का बादामी रंग धीरे-धीरे छा गया।

कच्छपपृष्ठसदृश भूमि! कछुआ-पीठा जमीन? तन्त्रसाधकों से पूछिये, ऐसी धरती

के बारे में वे कहेंगे—असल स्थान वही है जहाँ बैठकर सब कुछ साधा जा सकता है। कथा है...

कथा होगी अवश्य इस परती की भी। व्यथाभरी कथा बन्ध्या धरती की! इस प्रान्तर की छोटी-मोटी, दुबली-पतली नदियाँ आज भी चार महीने तक भरे गले से, कलकल सुर में गाकर सुना जाती हैं, जिसे हम नहीं समझ पाते। (परती : परिकथा, पृ. 1)

जित्तन के कपाल पर एक रोड़ा आकर लगा। उसका सफेद कुर्ता खून से तरबतर हो गया। ओठों पर जमते हुए लहू को पोंछकर उसने हाथ उठाया—आप मेरी बात सुन लीजिए, पहले। इसके बाद ढेले-रोड़े और लाठियों से जवाब देना चाहें, दें...आपने जिस अफसर को कुछ देर पहले मारा है, वह मरते समय भी आपकी भलाई की बात सोचकर मरेगा...भिम्मल मामा के साथ इरावती भी आ गयी, दौड़ती, हाँफती!...आज के पत्रों में विस्तृत समाचार प्रकाशित हुआ है। जितेन्द्र के चेहरे पर मुस्कराहट दौड़ जाती है। समाचार-पत्र खोलकर वह जोर-जोर से पढ़कर सुनाता है—परानपुर की परती पर इसी साल जूट और धान की खेती...इसमें जूट, धान, दलहन, तिलहन, मकई, ज्वार आदि की उपज होगी, जबकि दुलारीदाय में सिर्फ जूट और धान की ही खेती होती थी...दुलारीदाय में कुछ उपजाऊ जमीन ढाई हजार एकड़, जब कि परती पर सात-आठ हजार एकड़ जमीन अगले वर्षों में तैयार हो जाएगी...दुलारीदाय के पाँचों कुण्ड में बारहों महीने पानी भरा रहेगा। गीतवास के पास एक छोटा बाँध तैयार होगा। परती की सिंचाई। गंगा के किनारे तक दुलारीदाय के कछार पर फैली ऊसर धरती खेती के लायक हो जाएगी...दुलारीदाय के किसानों को परती पर जमीन दी जाएगी। इसके साथ बेजमीन लोगों को भी...फसल की कीमत के साथ नकद क्षतिपूर्ति। तीन साल तक सरकारी सहायता मिलेगी, नयी खेती करने वालों को। दुलारीदाय नहर और गीतवास बाँध निर्माण में गाँव के लोगों को काम...(परती : परिकथा, पृ. 507)

फणीश्वरनाथ रेणु की कल्पना की परती भूमि आज फिर अन्याय से रौंदी जा रही है। परती : परिकथा में उन्होंने दिखाया था कि जब ऊसर-उजाड़ में बसे बेसहारा पिछड़े जनों के बीच एकाएक समृद्धि की आशा अवतरित होती है तो उनमें कितनी आशंकाएँ फूट पड़ती हैं—समृद्धि आएगी तो अमीरों के लिए अमीरी और उनके लिए और अधिक गरीबी लाएगी। इस प्रसिद्ध दस्तावेज की रचना के 13 वर्ष बाद आज उपन्यासकार अनुभव करता है कि उसका भरोसा गलत निकला—'मुझे विश्वास था कि जब कोसी योजना सफल होगी तो जिन्हें अभी जमीन नहीं मिली है, उन्हें आगे चलकर मिल जाएगी। लेकिन वैसा नहीं हुआ'...'आज भी 100 पीछे 75 लोग ऐसे हैं जिनके पास कोई भूमि नहीं है'...इसके लिए कुछ होगा, ऐसी मुझे सचमुच आशा थी; पर किसी ने कुछ किया नहीं। आज जो लोग कुछ कर रहे हैं, वे नक्सलपन्थी नाम

से जाने जाते हैं, लेकिन जमीन की लड़ाई वे लड़ रहे हैं।

दिनमान से एक भेंट में रेणु ने एक लम्बी कहानी बताई–पूर्णिया में वादा और विश्वास टूटने की, कानून पर से भरोसा हटने की और आखिरकार आतंक का सहारा लिए जाने की कहानी। उनसे बातचीत करके यह धारणा पुष्ट हुई कि हमारे राजनीतिक दलों ने भूमिहीनों को लगातार लम्बे समय से धोखा दिया और अब जब दलित वर्ग हताश होकर अपने हाथों अपना अधिकार छीनने उठ खड़ा हुआ तो उसका नेतृत्व चीनी राजनीति के हाथ में जाना स्वाभाविक ही है। रेणु ने कहा, "अभी नछत्तर है, जो नक्सलवादियों का जवाब है, हमारे यहाँ लोगों को भरोसा है कि नछत्तर नक्सलवादियों को रोके हुए है। गरीब उसे अपना नेता समझते हैं। एकाध बार तो जयप्रकाश बाबू ने भी कहा था कि अगर भूमिहीनों को भूमि नहीं दी गयी तो दूसरा कौन-सा उपाय है? लोग अपनी मर्जी से नहीं देंगे तो छीनकर नछत्तर कौन-सा गलत काम कर रहा है?"

किन्तु क्या हमारे राजनीतिक दल भारत की धरती से ऐसा नेतृत्व विकसित होने देंगे जो विदेशी शक्तियों से जुड़ा न हो? यहाँ भी दक्षिणपन्थी कम्युनिस्ट नछत्तर को वामपन्थी कम्युनिस्टों के खिलाफ अपनी लड़ाई में एक हथियार के रूप में इस्तेमाल कर रहे जान पड़ते हैं। 'जेल से आने के बाद वह सीधे मेरे पास आया था,' रेणु ने बताया, 'उसने लोगों से मेरे बारे में पूछा और मिलने आ गया। लेकिन जब वह आया तो कम्युनिस्ट (दक्षिण) पार्टी के आदमी उसके साथ थे। चुनाव के समय उसने बहुत सक्रिय होकर काम किया था और जिन लोगों के जरा भी जीतने की उम्मीद न थी उन्हें जिताया था। इसलिए उसको साथ रखने को वे लोग उत्सुक हैं और सन्देह करते हैं कि कहीं वह उनके हाथ से निकल न जाए...उसे अपने मन से कुछ करने नहीं दिया जाता, हजारों बीघे का एक इलाका था जो बरसात में पानी से डूब जाया करता था। उसमें खेती करने का कोई उपाय नहीं था। अभी हाल में नछत्तर ने कहा : अगर नाली यहाँ से निकाली जाए तो पानी निकल जाएगा, खेती हो सकेगी। जिनकी जमीन ऊँचाई पर थी उन्होंने कहा, नछत्तर की बात नहीं मानेंगे–काँग्रेस के, सोशलिस्ट पार्टी के लोग भी हैं, उन्हीं की मानेंगे : फिर नछत्तर ने अल्टीमेटम दिया और दो हजार फावड़ों के साथ पहुँचा। पुलिस आयी। गिरफ्तार किया। हल्ला मचा कि गैर-कानूनी बात हो रही है। जब इसकी चर्चा कम्युनिस्ट (दक्षिण) वालों से हुई और उनसे कहा गया कि नछत्तर को इस इलाके की पूरी जानकारी है–धरती का ऊँचा-नीचा भी पता है तो वे बोले, "परन्तु इसके पीछे दिमाग तो कोई और ही है (वे खुद)। लगता है कि लोग उसे श्रेय नहीं देना चाहते। कहते हैं नछत्तर के साथ इतने लोग हैं तो इसीलिए कि वह कम्युनिस्ट पार्टी का मेम्बर है।"

पूर्णिया अंचल की कहानी भूमिहीनों की कहानी है। दिनमान से भेंट में रेणु ने इसकी आवृत्ति की। इसका आरम्भ उन्होंने किया यह बताकर कि पूर्णिया में ऐसे किसान भी हैं जो दो-दो हवाई जहाज रखते हैं। ये नम्बर दो के किसान हैं। नम्बर

एक के जो किसान हैं वे जरा कंजूस हैं। वे हवाई जहाज वगैरह नहीं खरीदते; जमीन उनके पास बहुत ज्यादा है। वे जमींदार नहीं हैं...किसान हैं, लेकिन वे किसी भी जमींदार से बढ़कर हैं। यों ऐसे भी जमींदार वहाँ हैं जिनके पास 50 बीघा जमीन है और पाँच बीघे वाले जमींदार भी हैं...जो रैयत नहीं हैं। एक तरफ तो भूमिहीनों की बहुसंख्या है, दूसरी तरफ बड़े-बड़े किसान हैं। भूमि के न्यायपूर्ण वितरण के लिए पहले दूसरी पार्टियों पर भरोसा था—वामपन्थी भी दक्षिणपन्थी भी। पर लेफ्टिस्ट पार्टियाँ हों या राइटिस्ट, सभी के लिए बड़े किसान 'कर्ण' कहलाते थे। उन्होंने हर एक को पैसा दिया; यहाँ तक कि आजादी से पहले पाकिस्तान चाहने वाली मुस्लिम लीग को भी दिया था। सब पार्टियों का बँधा हुआ रहता था। जयप्रकाश बाबू जब दौरे पर आये (तब वह सोशलिस्ट पार्टी में थे) तो सारे जिले में आने-जाने के लिए बड़े किसान ने स्पेशल ट्रेंन (तब अवध तिरहुत रेलवे थी) की व्यवस्था करवा दी। इसके अलावा हवाई जहाज से भी सफर कराया।

यह बात सन् 1947-48 की है। तभी मेरे मन में बात उठती थी कि जो लोग किसानों को भूमि-सुधार का वादा करते हैं, वे बड़े किसान की जमीन कैसे छीनेंगे। लेकिन जो राजनीति में थे, उनका कहना था कि हमें जहाँ से पैसा मिलेगा, लेंगे और जो काम करना होगा, वह तो करेंगे ही। वे लोहिया की तरह नहीं थे कि फलाँ के यहाँ नहीं जाएँगे, उसकी चीज नहीं लेंगे। ऐसे विवेक का असर किसानों पर पड़ता है। इसके अभाव में गरीब भूमिहीन सोचने लगे, बड़े लोगों के लड़के लीडर हो रहे हैं; वे कैसे अपनी जमीनों को जाने देंगे? तब लोगों को लगा, काँग्रेस वालों को भी, कि कुछ करना होगा—इन सारी बातों के बावजूद, जो भी पार्टी हो, किसानों और भूमिहीनों का किसी पर विश्वास नहीं था, वे आते सभी की सभाओं में थे, लेकिन जब हम लोगों को सफेदपोश देखते थे तो उनके मन में विश्वास नहीं रह पाता था।

सर्वे और सर्वोदय : परती जमीन कोसी की घाटी में बहुत थी, जिसका कोई मूल्य न था। यह वह जमीन थी जो चरागाह के काम में भी नहीं आ सकती थी। फिर सभी पार्टियों ने कहा कि जमीन का सर्वे होना चाहिए। 1950 के आसपास की यह बात है। इसके साथ ही साथ सर्वोदय का भी कारबार चला, तो जमीन वालों ने सोचा कि सर्वोदय में ज्यादा जमीन दे दें—जो सर्वोदय में थे वही पहले काँग्रेस में थे—उन लोगों ने सोचा कि सर्वे जब होगा तो यही लोग हैं जो फैसला करने आएँगे। तब ये हम पर दया-दृष्टि रखेंगे। लेकिन सर्वे के समय जब परिवार के लोगों ने परिवार के लोगों को ही हक नहीं देना चाहा तो फिर किसान-मजदूरों को क्या देते। सोशलिस्ट भी किसानों का साथ नहीं दे रहे थे। कम्युनिस्ट पार्टी वाले इतने थे नहीं। लेकिन जो थे वे भी सब मध्यवर्गीय परिवार के ही थे।

गरीब पार्टी, अमीर पार्टी : खुद-बखुद गाँव-गाँव में गरीब पार्टी और अमीर पार्टी बन गयी। गरीब या भूमिहीन किसी भूमिहीन के खिलाफ गवाही नहीं देगा, ऐसा तय हुआ। फिर सामाजिक रिश्ते भी इसी आधार पर टूटे। गरीबों ने कहा कि रामायण

साथ-साथ बैठकर सुनना और मालिक के यहाँ नौटंकी मेला देखने जाना है, तो जमीन हाथ नहीं आएगी। संगठन नहीं रखोगे, लाठी मजबूत नहीं रखोगे तो जमीन नहीं मिलेगी। इसका फल यह हुआ कि कोई दस सैकड़ा लोगों को जमीन मिली। पर इसके बाद दीवानी मुकद्दमों का दरवाजा तो खुला ही हुआ था। अन्ततः मुकद्दमों के बल पर दस में से पाँच सैकड़ा लोगों की जमीन तो छिन ही गयी। जितनी उम्मीद थी उतना सुधार हुआ नहीं। जहाँ तक मेरी बात है मैं कहूँगा कि बड़े किसानों को कुछ नहीं हुआ। पहले एक जहाज था, अब दूसरा भी खरीद लिया है। सर्वे से जो फायदा होने वाला था, वह नहीं हुआ। सर्वोदय से और भी कम हुआ। एक और बात हुई इस बीच। अभी लोग अदालत में थे। कुछ ने दावा छोड़ दिया; काहे से कि अगर मालिक कहते कि हजार रुपया ले लो और जमीन मेरे नाम कर दो तो लालच तो होता ही था। इस तरह सरण्डर कर दिया। इस बीच कोसी योजना सफल हुई। उसके सफल होने के बाद लोगों को पानी मिलने लगा, खाद मिला; नये किस्म के बीज लोगों ने लिये। जिन दिनों तीन साल पहले पलामू में अकाल पड़ा हुआ था हमारे इलाके में घनघोर फसल हुई। पूर्णिया जिले में इतनी परती जमीन थी कि वह बिहार का बखार कहा जाता था। परती जमीन आबाद होने लगी। मेरे बाप-दादा क्या पुरखे तक नहीं जानते थे कि इस जमीन में कुछ होने वाला है। वहाँ अपूर्व उत्पादन होना शुरू हुआ। अब ऐसे जमीन वाले जिनके पास सौ बीघा जमीन थी और अब पचास बीघा रह गयी थी उसी में से दो सौ बीघा जमीन जितनी पैदावार करने लगे। इस हरी क्रान्ति के या जो भी नाम दे दिया जाए, उसके होते हुए लोग वकालत, प्रोफेसरी छोड़कर खेती करने लगे और जो गरीब खेती करने वाले थे वे टुकुर-टुकुर देखने लगे। किसी भी पार्टी में वह दमखम नहीं है कि जमीन के सवाल को लेकर लड़ाई लड़े, न ही किसानों और भूमिहीनों को किसी के कार्यक्रम पर भरोसा है।

धन-धान्य : पूर्णिया अजब क्षेत्र है। वहाँ तमाखू, मिर्च, जूट आदि घनद फसलें भी होती हैं, धान भी होता है। ऐसे में लोग कम में सन्तुष्ट रहते हैं और इसीलिए उसे बिहार का बखार कहा जाता है।

आबरन देवे पटुवा, पेट भरन देवे धान,
पूर्णिया के बसइया, रहै चदरा तान।

(पूर्णिया में इसी से तो मेले मशहूर हैं। मध्यवर्गीय बाबू लोग मेलों में शौक की चीजें दूर-दूर से मँगाते थे। देखिए 'तीसरी कसम'।)

कोई भी समझ सकता है कि जो उपजाने वाले हैं, वे मुँह ताकते रह जाएँगे, यह नहीं हो सकता। पर (कानून के समर्थक लोगों में से) किसी ने कभी इन लोगों को नेतृत्व नहीं दिया। अब स्थिति यह हो गयी है कि इनको ऐसा कोई आदमी चाहिए जो कानून की परवाह न करता हो। ऐसा कोई आदमी उठता है तो उसका नाम नक्सलपन्थी हो जाता है। नेपाल की सीमा पर कुछ सचमुच नक्सलपन्थी विचार के

लोग हैं जरूर : वहाँ बहसें भी होती होंगी; शायद शिक्षा भी होती हो। उस विचारधारा का कुछ असर है, पर मुझे कहीं भी उनका कोई नेता देखने को नहीं मिला। अक्सर सन्थाल लोगों को ही आगे देखा जाता है (सन्थालों पर अंग्रेज कलेक्टर भी रहम खाते थे और उनका पक्ष लेते थे, पर उन्हें हक दिलाने में वह असफल रहे। यह लड़ने वाली जाति है।)

प्रश्न : इस आतंकवादी गतिविधि के प्रतिरोध में क्या हो रहा है?

रेणु : अभी तो कुछ खून-खराबा हुआ नहीं। तीर वगैरह चले हैं। हल्ला बहुत हुआ है। हल्ला जमीन वाले मचा रहे हैं। जैसा कि पाकिस्तान से आने वालों ने किया था कि साहब हमारा तो सब कुछ लुट गया, यहाँ लोग कहते हैं कि क्या खेती करें, नक्सलपन्थी लोग लूट ले जाएँगे, ऐसा विचार बन गया है। पर इतना आतंक है नहीं। विप्लवकारी स्थानीय लोग हैं। उनका कोई भी नेतृत्व करने वाला नहीं है। गाँवों में कोई नक्सलपन्थी नहीं पहुँचा। जिस किसी को काँग्रेस ने या सोशलिस्ट पार्टी ने निकाल दिया था अब उसे मौका मिला है कि मारो...जमीन वाले खुद लड़ना नहीं चाहते, इसलिए हल्ला मचाते हैं कि सरकार ही हमारी ओर से लड़े। इसीलिए इतना हल्ला मच रहा है और कुछ लोगों को पकड़वाने की कोशिश चलती है। इस हल्ले से असली नक्सलपन्थियों को खुशी होती है कि स्थानीय विद्रोह के चलते नाम हमारा हो रहा है और राजनीतिक शक्ति भी बढ़ रही है। कुछ नक्सलपन्थी क्षेत्र सीमा पर बने हैं। वहाँ के लोगों में से एकाध से मेरी बातचीत भी हुई। वे सारे लोग गुण्डे नहीं हैं।

प्रश्न : काँग्रेस पार्टी क्या कर रही है?

रेणु : दोनों ही काँग्रेस पार्टियाँ अपने-अपने अस्तित्व की रक्षा में लगी हुई हैं। जो बड़े-बड़े लोग इस इलाके में हैं उनसे उन्हें सहायता मिलती है। अगर ये भूमिहीनों की मदद करने लगेंगे तो इनका अस्तित्व खत्म हो जाएगा।

नछत्तर माली : 1947 में पूर्णिया जिले में अकाल की स्थिति आयी थी। लोगों ने सोचा कि अनाज की कमी हो गयी है। लेकिन स्थिति यह थी कि बड़े-बड़े किसानों और व्यापारियों ने बखारों में अनाज दबा दिया था। नछत्तर 1936 से ही सोशलिस्ट पार्टी का कार्यकर्ता था। उसने पार्टी के लोगों से कहा कि आप लोग आइए और लोगों को अनाज दिलवाइए। हम लोग प्रस्ताव पास करते थे, लेकिन कुछ करते नहीं थे। लेकिन वह आदमी बैठा रहने वाला नहीं था। उसने बखार खुलवाकर अनाज बँटवाना शुरू कर दिया। मालिक जब पूछते तो वह कहता था कि चचा साहब, चारों तरफ अकाल है, लोग आपके यहाँ आये थे और आप ने गाली-गलौज से बातचीत की। ये मर जाएँगे तो आपका अनाज किसके काम आएगा? मालिकों और सिपाहियों को कहता था चुपचाप बैठे रहो सामने, और लोगों से कहता था कि बखार में से निकालो और खाओ।" पहले तो वह कभी-कभी कागज-पत्र भी रखता था कि किसको कितना अनाज मिलेगा। उसके बाद वह अज्ञातवासी हो गया। उसको इन लोगों ने खदेड़ना

शुरू कर दिया। कुछ दिनों तक उससे लोग बहुत डरते रहे, क्योंकि उसका सिद्धान्त था कि जो सी. आई. डी. का काम करता हो उसे तुरन्त उसकी सजा मिलनी चाहिए। अभी भी 2-3 दर्जन लोग बिना नाक-कान वाले हैं। उन सबको नाक-कान काटकर इसी ने सजा दी। सन् 47 के बाद भी जब नछत्तर लोगों को अनाज दिलवाने लगा तो पार्टी के लोग भी उससे डरने लगे। अन्ततः उसे पार्टी से निकाल दिया गया।

नक्षत्र मालाकार : नछत्तर जब 1936 में सोशलिस्ट पार्टी में भर्ती होने आया तो जयप्रकाश बाबू ने नाम लिखते हुए कहा–नछत्तर माली क्या, नक्षत्र मालाकार कहो न। इसके पहले 1930 में वह जेल गया था। जेल में उसने काँग्रेस के नेताओं से पूछा कि जब सुराज हो जाएगा तो क्या आप लोग अपनी जमीनें लोगों में बाँट देंगे? तो उन नेताओं ने कहा कि नहीं। भला ऐसा कैसे हो सकता है। सभी ऑंगुलियाँ बराबर थोड़े ही होती हैं। उसने कहा कि तो फिर सुराज काहे का। 1942 में उसने सबसे ज्यादा काम किया, लेकिन नाम लूटा दूसरे लोगों ने। वह ढूँढ-ढूँढकर बम बनाने वालों को, राइफलें बनाने वालों को जुटाता था। जब हम लोगों ने उसे त्यक्त कर दिया तभी वह पकड़ा गया।

चलित्तर कर्मकार : रेणु ने कहा, 'मैला आँचल' का चलित्तर कर्मकार यही नक्षत्र मालाकार है। नहीं कहा जा सकता कि रेणु की अगली कृति में पूर्णिया का कौन-सा रूप निखरेगा, परन्तु वह नयी रचना की तैयारी में हैं, यह निश्चित रूप से कहा जा सकता है। 'लिखने में देरी का कारण यही है कि हालात बड़ी तेजी से बदल रहे हैं। चीनी हमले के समय, फिर पाकिस्तान से लड़ाई के दिनों में जो देखा उससे लगा कि राष्ट्रीयता हमारे नस-नस में है। झण्डा लेकर चाओ-माओ मुर्दावाद का नारा लगे। भरोसा हुआ कि राष्ट्रीयता है। फिर देखा कि चीनी माल से बाजार भर गये। जो कोई उस पार जाता चीनी सिल्क, चीनी ट्रांजिस्टर, फाउंटेन पेन लेकर चला आता। इस काम से कोई बचा नहीं। जो यह काम रोकना चाहता उसे रुपया देकर चुप करा दिया जाता था। जो लोग यह काम कर रहे हैं, नेपाल में जिन्होंने माल भर लिया है, वे वहीं से पूरे आँकड़े रखते हैं कि इसका भारत पर क्या प्रभाव पड़ता है, क्योंकि जब भारत में लोगों ने चीनी माल तोड़ना-जलाना शुरू किया तो व्यापारियों ने जानते हैं क्या किया? उस पर 'मेड इन चाइना' लिखना बन्द कर दिया और जब यह लिखना बन्द कर दिया तो खरीदने वालों की और बेचने वालों की आत्मा शुद्ध हो गयी।

दिनमान/3 मई, 1970

देश की वास्तविक ताकत मजदूर और किसान

एक बार पटना के पिन्टू होटल में एक 'रायपन्थी' कलाकार से बातें करते हुए किसी पार्टी-सदस्य द्वारा देख लिया गया था। दूसरे ही दिन पार्टी के एक वरिष्ठ 'साथी नेता' ने मुझे एकान्त में बुलाकर एम. एन. राय के विरुद्ध सप्रमाण भाषण पिलाया। दूसरी बार मुझे भागलपुर में बुखारी नामक कम्युनिस्ट छात्र नेता के साथ घुल-मिलकर बातें करते देख लिया गया...बुखारी 'फ़ारुखी ग्रुप' वाले स्टूडेण्ट फेडरेशन का नेता था और मैं 'शाह ग्रुप' वाले स्टूडेण्ट फेडरेशन का कार्यकर्ता। सन् 1941-42 की बात होगी। हम लोग एक-दूसरे को गालियाँ देते हुए मिलते, एक-दूसरे की पार्टियों के नेताओं को गालियाँ देते। मगर, जब मिलते थे, घण्टों साथ रहते। यह बात बेनीपुरी जी को मालूम हुई। उन्होंने मुझे समझाया कि कम्युनिस्टों से मुझे क्यों नहीं बात करनी चाहिए। तो, हर पार्टी का एक 'तबेला' होता—चारों तरफ दीवार से घेरकर अपने 'कमअक्ल' कामरेडों को इसलिए रखना पड़ता कि कहीं वे 'इधर' से 'उधर' आकर्षित न हो जायें...और मैं अपने को 'टेस्ट ट्यूब' में डालकर खोज रहा था...

कथाकार मधुकर सिंह को ये सब बातें बता रहे हैं रेणु जी!

बातें शुरू हुईं : बीच-बीच में लतिकाजी, नौमी की पारिवारिक स्नेह हमारी बातचीत के प्रति सजगता को सहज और आत्मीय बना देता था।

—आपने अपने जीवन की शुरुआत राजनीति से की थी। उसकी सक्रियता अचानक रोककर आपने मात्र साहित्य तक ही अपने को क्यों समेट लिया।

—जीवन की शुरूआत राजनीति से की थी मैंने, अथवा किसी 'नीति' से, कह नहीं सकता, मगर राजनीति हमारे लिए 'दाल-भात' की तरह है। अगर, आपका

मतलब 'राजनीतिक पार्टी' से है तो यह सही है कि अब मैं किसी पार्टी का सदस्य नहीं रहा। कारण?...क्या बताएँ आपको? समझिए कि मिसफिट होने के कारण ही ऐसा हुआ होगा...देखिए, चरखा को मैंने केवल यह नहीं समझा कि यह गाँधीजी का है, वरन् यह समझा कि घर के कुदाल, खुर्पी, हँसिया, हल वगैरह की तरह चरखा भी हमारे जीने का सामान है। परिवार में राजनीतिक चेतना पहले से थी। पिताजी काँग्रेस के मेम्बर थे और पढ़ने के लिए बहुत तरह की पत्रिकाएँ मँगाते थे—हिन्दी और बंगला, बचपन में, मेरी आँखों के सामने, 'चाँद' के फाँसी अंक और 'हिन्दू-पन्थ' के बलिदान अंक और सुन्दरलाल की पुस्तक 'भारत में अंग्रेजी राज' के लिए मेरे घर की दो बार तलाशी ली गयी थी...आर. एल. बर्म्मन, कलकत्ता द्वारा प्रकाशित 'बोलशेविक रूस' या ऐसी ही कई पुस्तकों में लेनिन की तस्वीर देखकर, उनकी पार्टी की तथा उनकी कहानियाँ पढ़कर रोमांचित होता था...शायद, इसीलिए मुझ पर तलाशी की भय जैसी प्रतिक्रिया नहीं हुई, क्योंकि अन्दर-ही-अन्दर बाबूजी को भी इस पर गर्व था। मेरा तब एक संस्कार बना। अब भी किसान-मजदूरों की मानसिकता से जुड़ा हूँ—मैं उनके हर आन्दोलन और ऐक्शन में अपने को इनवाल्व्ड पाता हूँ...उन दिनों जब मैं पार्टी का सदस्य था, कुछ भी लिखने वाला साहित्यिक कहलाता था—अखबारों में 'संवाद' प्रकाशित करना, आम सभा के लिए पर्चे लिखना भी रचनात्मक साहित्य-सृजन था। प्रथम आम चुनाव के पहले से ही मैं अपने को 'पार्टी' के लिए अनुपयुक्त समझने लग गया था। यह विश्वास जरूर बन गया था कि लिखने के क्षेत्र में ही मैं कुछ कर सकता हूँ। उन्हीं दिनों, कहीं मुझे एक 'चिरकुट' में कुछ 'सुभाषित' जैसी पंक्तियाँ पढ़ने को मिल गयीं। आप विश्वास कीजिए—मैं पढ़कर आतंकित-सा हो गया। किसी कीमती अंग्रेजी पत्रिका के किसी पृष्ठ का टुकड़ा था (कागज और छपाई देखकर जैसा समझा) और उस पर लिखा था—(मेरी वह डायरी ही खो गयी)—उस पर जो कुछ भी लिखा था, उसका आशय यही था—ऐसा व्यक्ति जिसका राजनीति और साहित्य में समान रूप से प्रवेश हो और दोनों ही क्षेत्र में काम करने की क्षमता बराबर हो और अगर कभी उसे दो में से एक को चुनना हो तो साहित्य का चुनाव करने वाला व्यक्ति बुद्धिमान है। उन दिनों मैं बंगला कहावत के अनुसार 'का के धरी, का के छाड़ी—बुझिते ना पारी' वाली स्थिति से गुजर रहा था। उस टुकड़े से मेरे रचनाकार को बहुत बड़ी शक्ति मिली। इस 'संयोगवाणी' को अपने 'जीवन देवता' की वाणी समझकर मैं राजनीतिक दल की सक्रिय सदस्यता से अलग ही हो गया। मगर, लेखन में अभी भी राजनीतिज्ञ हूँ...

—सन् 1938 के सोनपुर में होने वाले 'समर स्कूल ऑफ पालिटिक्स' का आप पर क्या असर हुआ? उससे आपका सम्बन्ध?

—उन दिनों मैं बनारस में पढ़ता था। पटना से प्रकाशित होने वाली बिहार सोशलिस्ट पार्टी की (रामवृक्ष बेनीपुरी द्वारा सम्पादित) साप्ताहिक पत्रिका 'जनता' में

कार्रवाइयाँ विस्तारपूर्वक छपती रहती थीं। जयप्रकाशजी उस स्कूल के प्रिंसिपल थे। एक-डेढ़ महीने का वह शिक्षण-शिविर अपने ढंग का अकेला था। कमलादेवी चट्टोपाध्याय, मीनू मसानी, अच्युत पटवर्धन, नरेन्द्रदेव, मेहरअली, अशोक मेहता वगैरह जैसे लोगों ने क्लास लिये थे...और इसका भी मेरे जैसे लोगों पर अनुकूल प्रभाव ही पड़ा था। यानी समाजवाद और बिहार सोशलिस्ट पार्टी के प्रति अधिक आस्थावान हो गया था...मैं उसमें चाहकर भी सम्मिलित नहीं हो सका था। किन्तु बेनीपुरी के सम्पादन और लेखन की कृपा से दूर रहकर भी इसमें सम्मिलित होने जैसा लाभ हुआ था।

—नक्षत्र मालाकार और आप साथ रहे हैं। उनसे अपने लगाव का कारण बताएँगे?'

—बराबर तो नहीं, कुछ वर्षों तक हम 'साथी' रहे हैं—1941-42 से 1947 तक, नक्षत्र मालाकार के बारे में जानना हो तो बस उसके बारे में ही पूछिए। मैंने एकाध बार उसके बारे में लिखा है। जब-जब राजनीतिक लोगों ने 'राजनीतिक' मानने से इनकार किया और उसको विशुद्ध क्रिमिनल करार देने की साजिश की—हम कई लोगों ने इसका विरोध किया—1947 से ही। हम कई लोग—जिनमें बंगला के प्रसिद्ध लेखक सतीनाथ भादुड़ी भी थे—पहले पार्टी में उसके निष्कासन के विरुद्ध आवाजें उठाते रहे। और जब वह पार्टी से निकाल दिया गया और परम स्वतन्त्र होकर जब वह अपने जी की करने लगा, उसकी लूट, डकैती, हत्या, बलात्कार आदि की कहानियाँ सुन हमने लिखकर उसके कुकृत्यों की निन्दा की। किन्तु तब भी उसको 'राजनीतिक' मानता रहा...जिस तरह आप, आज उसके बारे में जानना चाहते हैं, तत्कालीन जिला पुलिस के अधिकारी और गुप्तचर विभाग वाले भी अक्सर हमसे मिलकर नक्षत्र के बारे में ऐसे ही सवाल करते थे। उन्हें जो जवाब देता था, आज भी दे रहा हूँ—'नक्षत्र जनता का आदमी है'। वह गिरफ्तार हुआ। आजीवन कारावास की सजा झेल रहा था। अभी इतना ही कि नक्षत्र मालाकार का मतलब है जन-जीवन की एक जबरदस्त छटपटाहट!

—जयप्रकाश नारायण की प्रेरणा से प्रगतिशील लेखक संघ के जवाब में 'नव सांस्कृतिक संघ' का निर्माण हुआ था, जिसमें दिनकरजी आदि जैसे बड़े लोग भी थे। आपका भी उससे कोई सम्बन्ध रहा है?

—'प्रगतिशील लेखक संघ' या 'नव सांस्कृतिक संघ' अथवा ऐसे ही किसी संघ की बात? तब तक अपने अनुभवों के आधार पर मैं यह समझ चुका था कि राजनीतिक पार्टियों के ऐसे तथाकथित सांस्कृतिक मोर्चे क्या हैं और विशुद्ध राजनीति करने वाले लोगों की निगाहों में लेखक, गीतकार, चित्रकार, अभिनेता आदि क्या हैं। भोले कलाकार बेचारे राजनीतिक दाँव-पेंच क्या समझें! ...पार्टी में हम लोगों की हैसियत हमेशा 'दूसरे दर्जे के नागरिकों' जैसी रही। बल्कि, इस मामले में विद्यार्थी मोर्चे पर काम करने वालों की ज्यादा वकत थी, और आज भी है—हर पार्टी में। अतः पार्टी का सदस्य होते हुए भी मैंने 'सांस्कृतिक संघ' की घोषणाओं पर कभी यकीन नहीं

किया...इस सम्बन्ध में कई घटनाओं की याद आती है...एक बार पटना के पिन्टू होटल में एक कोने में बैठकर चाय पीते हुए एक 'रायपन्थी' कलाकार से बातें करते हुए, किसी पार्टी-सदस्य द्वारा देख लिया गया था। दूसरे ही दिन पार्टी के एक वरिष्ठ 'साथी नेता' ने मुझे एकान्त में बुलाकर एम.एन. राय के विरुद्ध सप्रमाण भाषण पिलाया। दूसरी बार मुझे भागलपुर में बुखारी नामक कम्युनिस्ट छात्र नेता के साथ घुल-मिलकर बातें करते देख लिया...बुखारी 'फारुखी ग्रुप' वाले स्टूडेंट फैडरेशन का नेता था और मैं 'शाह ग्रुप' वाले स्टूडेंट फैडरेशन का कार्यकर्ता। सन 1940-41 की बात होगी। हम लोग एक-दूसरे को गालियाँ देते हुए मिलते, एक-दूसरे की पार्टियों के नेताओं को गालियाँ देते। मगर, जब मिलते थे, घण्टों साथ रहते। यह बात बेनीपुरीजी को मालूम हुई। उन्होंने मुझे समझाया कि कम्युनिस्टों से मुझे क्यों नहीं बातें करनी चाहिए, तो, हर पार्टी का अपना एक 'तबेला' होता—चारों तरफ दीवारों से घेरकर अपने 'कम-अक्ल' कामरेडों को इसलिए रखना पड़ता कि कहीं वे 'इधर' से 'उधर' आकर्षित न हो जाएँ...और मैं अपने को 'टेस्ट ट्यूब' में डालकर खोज रहा था।[1]

—'मैला आँचल' पढ़ने के बाद लगता है कि स्वातन्त्र्योत्तर भारत के सम्बन्ध में आप कुछ कहना चाहते हैं। आपके भीतर ऐसा कुछ क्या है? कहीं 'मैला आँचल' का सन्दर्भ काँग्रेस-सोशलिस्ट पार्टी के आन्दोलन से प्रभावित तो नहीं है?

—जब कोई किसी पार्टी का सदस्य हो तो उसके अनुभव और विचार भी उस पार्टी के होंगे। किसान-मजदूरों में काम करने से मुझे कम फायदे नहीं—बल्कि सच पूछिए तो राजनीति ने मुझे बहुत दिया। अपने जिले के गाँव-गाँव घूमा, लोगों से मिला, उनके सुख-दुःख से परिचित हुआ, चन्दे वसूले। अपनी सक्रियता के कारण साथियों के साथ गाँवों में रात के वक्त भी डेरा डालना पड़ता...रात में दूर से कभी ढोलक-झाँझ पर नाच-गान की स्वर-लहरी मँडराती आती और मैं अपने साथियों को सोते छोड़ वहाँ चल देता। कभी 'विदेशिया', कहीं जालिम सिंह सिपहिया और किसी गाँव में 'ननदी-भउजिया' के नाच-गान, मैं नाच देखने से ज्यादा नाच देखने वालों को देखकर अचरज से मुग्ध हो जाता। तब समझा कि हमारे लच्छेदार भाषणों से ज्यादा प्रभाव उस सांस्कृतिक चेतना का होता है जो उन्हें मुसीबतों में भी गाते रहने के लिए मजबूर किये रहती है। जहाँ तक बोली और भाषा का प्रश्न है, इन्हीं गाँव में घूमकर भाषा की शक्ति को समझने का मौका मिला। मैं यह मानता हूँ कि वे लोग ही—गाँवों के किसान-मजदूर ही—मुझसे लिखवाते थे, ठीक उसी प्रकार जैसे भूख लगने पर आदमी 'ऐक्शन' और तनाव दोनों महसूस करता है।

---

1. इस प्रसंग की 1945 में लिखी कहानी 'पार्टी का भूत' पाठकगण अवश्य पढ़ें। कहानी शीघ्र ही खोजीराम द्वारा उपलब्ध की जा रही है।

—'मैला आँचल', 'परती परिकथा' जैसे उपन्यासों और 'रसप्रिया' जैसी कहानियों की 'कथा-भूमि' में अंग्रेज जमींदारों और देसी जमींदारों-सामन्तों का कैसा शोषण था, जिसकी आपके लेखन में गहरी प्रतिक्रिया हुई?

—बिहार में, खासकर पूर्णिया जिला तो देसी-विदेशी जमींदारों का गढ़ ही था। अंग्रेज जमींदारों के नाम पर कई गाँव और कस्बे बसे हुए हैं। फोर्ब्से साहब के नाम पर फोर्ब्सगंज (फारबिसगंज), एक साहब मेम के नाम पर मेरीगंज। कई राजे, दर्जनों 'कुमार' और बहुत-से नवाबों के गढ़ और हवेलियाँ आज भी मौजूद हैं। जिले में ऐसे भी बड़े-बड़े किसान हैं जिनके पास दो-दो हवाई जहाज हैं और दूसरी ओर वहीं पचहत्तर प्रतिशत भूमिहीन, अभी भी बड़े, छोटे और मँझोले किसानों के शोषण के लिए मौजूद हैं। और सामाजिक असमानता और दुर्व्यवहार बरकरार है। इसकी प्रतिक्रिया किसी भी 'दर्दी लेखक' पर गहरी ही पड़ सकती है।

—'सवर्णों के घर नहीं, छोटी जाति के लोगों के यहाँ मोहना जैसे 'लड़की-मुँहा' लड़के हमेशा पैदा नहीं होते। वे अवतार लेते हैं समय-समय पर। जबा जबाहि... पंचकौड़ी मिरदंगिया और मोहना के सन्दर्भ की प्रतिक्रिया इतिहास-विरोधी ताकतों पर तेजी से प्रहार करती है। इधर आपके लेखन में वह सहसा अवरुद्ध क्यों है?

—कुछ लोगों को लगना स्वाभाविक है कि मैं अपनी समस्या से अलग हो रहा हूँ। दरअसल, उस समस्या और इतिहास पर निर्भर करता है कि हमारी चेतना को वह कहाँ तक पकड़ पाती है। इससे दिन भर या कुछ दिनों तक अलग होने का मतलब समस्या में 'एस्केप' नहीं होता। ब्लू फिल्म, सेक्सी उपन्यास और सामाजिक असमानता से उत्पन्न यौनाचार—ये सारी सामन्ती विकृतियाँ हैं। गरीब के भीतर भी विकृतियाँ हैं। मगर आप महसूस नहीं करते कि दोनों वर्ग की विकृतियाँ कहाँ से पैदा होती हैं। असल सवाल है उन्हें पहचानने का।

—मेरी दृष्टि में प्रेमचन्द के बाद ग्रामीण-समस्या के भीतर आपने सबसे पहले और सही ढंग से प्रवेश किया है। भूमि-समस्या आपको भी देश की सबसे बड़ी समस्या लगती होगी। देश का आर्थिक विकास मौलिक रूप से भूमि-समस्या के वास्तविक समाधान पर ही निर्भर करता है। तब क्या यह सच नहीं है कि जिस देश के कमाने वाले करोड़ों लोग खरीददार ही न हों, वहाँ न तो औद्योगीकरण हो सकता है, न बचत, न पूँजी का निर्माण? आपका कोई कमेण्ट?

—मधुकरजी, आपने प्रश्न के साथ उत्तर भी दे दिया है। बहरहाल, मैं आपके विचार से 'एकमत' या 'सहमत' जो कह लें, हूँ। मगर सामाजिक असमानता को पहले तोड़ना होगा। आर्थिक असमानता को यही तो बलवान बनाती है...और, प्रेमचन्द के बाद ग्रामीण-समस्या के भीतर सबसे पहले प्रवेश अथवा उसके बाद में प्रवेश किसने किया, इस पर विवाद करके क्या फायदा?

—केवल भूमि-समस्या को लेकर कुछ लिखने की फिर इधर आपके दिमाग में योजना है या नहीं? अपनी लम्बी बीमारी से मुक्ति के बाद क्या किसी बड़े उपन्यास की शुरुआत आप कर चुके हैं?

—पूर्णिया जिले में बँटाईदारी सवाल को लेकर 'परती परिकथा' की रचना हुई। इसके पहले 'मैला आँचल' में भूमि-समस्या की भूमिका प्रस्तुत की गयी थी। आजकल मैं पिछले दो-तीन साल से एक बड़ा उपन्यास लिख रहा हूँ। अभी समय लग सकता है, क्योंकि देश बहुत तेजी से बदल रहा है...दल-बदल, भूमि-हड़प, कुर्सी-हड़प के बाद देखिए और क्या-क्या होता है।

—यह प्रसिद्ध है कि तान्त्रिक उपासना-पद्धति से आप सम्बद्ध हैं। इसका आपकी रचना और दृष्टि से कहीं सम्बन्ध है यह आपकी निजी बात है?

—देखिए, तान्त्रिक उपासना-पद्धति से सम्बद्ध व्यक्ति यह कभी नहीं कहता कि वह, 'तन्त्र साधना' कर रहा है, क्योंकि, गोपनीयता इसकी सबसे बड़ी चीज है। कोई स्वयं अपने को तान्त्रिक कहे तो समझना चाहिए कि आपको वह मूर्ख बना रहा है। मुझे ऐसा लगता है कि अधिकांश लोग खुलकर शराब पीने और यौनाचार के लिए ही अपने को 'तन्त्र साधक' कहने लगते हैं। कुछ लोग इसे जादू-टोना और चमत्कार मात्र मानते हैं...सम्भवतः इसकी गोपनीयता ही इसका सबसे बड़ा आकर्षण है। किन्तु, मुझे इसके एक कारण ने खींचा—तन्त्र 'विभेद' और 'असमानता' बिल्कुल नहीं मानता। 'वाममार्गी' इस माने में सचमुच 'वामपन्थी' हैं। बौद्धों ने ईश्वर और वेद को तो नकार दिया, मगर जनता का विश्वास प्राप्त करने के लिए तन्त्र का मार्ग पकड़ा। भगवान् और शास्त्र में वही रूप खप सकता है, जो शुद्ध है। तन्त्र में कोई भेद नहीं। ऐसी समानता कहीं नहीं, शायद...मैंने कोई साधना अथवा उपासना नहीं की है। साधु-संग किया है, बस। और, इसे निजी मामला ही समझिए।

—लेखकों के संयुक्त मोर्चे अथवा सार्त्र की तरह किसी फोरम के निर्माण की कल्पना आपके भी दिमाग में आती है या नहीं?

—बड़े-बड़े राष्ट्रीय या अन्तर्राष्ट्रीय सवालों पर लेखकों का संयुक्त हो जाना स्वाभाविक और सार्थक है। साम्प्रदायिकता, वियतनाम, कम्बोडिया, चेकोस्लोवाकिया जैसे मानवीय सवालों से वह अलग कैसे रह सकता है? सामान्य लोगों की तरह उसे भी ऐसे सवाल बराबर पागल किये रहते हैं और वह भी विरोध और लड़ाई के लिए तैयार रहता है। अन्तर्राष्ट्रीय स्तर के प्रश्नों के लिए लेखकों के ऐसे सामयिक मोर्चे बड़े कारगर होते हैं। सार्त्र ने फोरम के द्वारा ऐसे बहुत कार्य किये भी हैं।

—दिल्ली के एक कोने से 'भाषा का संकट' इन दिनों बहुत बोलता है। भारत की और कई जगहों में भी इसका डंक फैल रहा है। आपको भी इसका डंक कभी महसूस हुआ?

—डंक?...मैंने कोई डंक-वंक नहीं महसूस किया। और न कभी संकट का एहसास हुआ...पिछली बार दिल्ली गया तो 'भाषा संकट' वाली एक बड़ी-सी गोष्ठी में शरीक अवश्य हुआ था। उस गोष्ठी में मैंने सिर्फ एक किस्सा सुना था। किस्सा यों है : एक बार बंगाल में, वैष्णव सम्प्रदाय के एक महन्त साहब को डाकुओं ने राह में पकड़कर मार-पीट की। महन्त साहब के साथ में उनका एक शिष्य था। वह महन्त साहब पर हमला होते देखकर जोर से मठ की ओर भागा, अपने गुरु भाइयों को

सूचना देने के लिए। वह बहुत तेजी से भागा हुआ मठ के पास पहुँचा तो अचानक 'भाषा का संकट' उसके सामने खड़ा हो गया। उसे मानो काठ मार गया। वह क्या कहकर—यानी किन शब्दों में—यह संवाद अपने गुरु भाइयों को सुनाएगा? वैष्णव लोग रोजमर्रा की भाषा में भी 'काटना', 'रक्त बहाना', 'मारना' आदि शब्दों का व्यवहार नहीं करते। तरकारी-सब्जी को वैष्णव लोग 'काटते' नहीं। अगर कोई कह दे कि तरकारी काट दी गयी है महाराज, तो वैष्णव के लिए अभक्ष्य पदार्थ हो जाता है। वे इसके लिए 'अमनिया' करना व्यवहार करते हैं। सो, भाषा के संकट में पड़े हुए शिष्य ने इन शब्दों में जाकर अपने गुरु भाइयों को सूचना दी—'भाय रे! गुरुजी के डाकातारा मिले 'अमनिया' कोरे फेले दियेछे। गुरुजी 'रंगे-रसे' एक्के बार एकाकार ...' जब तक लोग वहाँ पहुँचते, उसके पहले ही गुरुजी काया छोड़ चुके थे। अगर भाषा के संकट में पड़कर शिष्य ने देरी नहीं की होती तो सम्भव था कि गुरुजी को 'फर्स्ट एड' वगैरह मिल पाता...'भाषा के संकट' का सवाल उठते ही मुझे हमेशा यही कथा याद आती है।

—कामतानाथ, ज्ञानप्रकाश, सतीश जमाली, इसराइल, सुदीप, जितेन्द्र भाटिया, विभुकुमार, प्रकाश बाथम, विश्वेश्वर की रचनाएँ आपने पढ़ी होंगी। क्या ऐसा कुछ नहीं लगता कि 'नयी वास्तविकता' के लिए सामाजिक दृष्टिकोण से कुछ बदल रहा हो?

—इन नये लेखकों में काफी दम है। अपने सामाजिक दृष्टिकोण में बदलाव के कारण ही ये काफी लोगों को अपनी ओर खींच रहे हैं और लगता है, बहुत दिनों के बाद एक नयी शुरुआत हुई है। मुझे तो एक ही विश्वास है, इनकी धीरज-शक्ति और दृष्टि ही इन्हें ज़िन्दा ले चल रही है। वे इस बात को अच्छी तरह जानते हैं। ये ज्यादा बातूनी नहीं हैं और छद्म गुस्सा और बनावटी शक्ल से बिल्कुल अलग हैं।

—क्या आप भी ऐसा महसूस करते हैं कि अपने देश के भीतर 'कुछ बहुत बड़ा' होने वाला है जो कई तरह के अन्तर्विरोधों से उबरकर देश को सही संघर्ष के रास्ते पर लाकर खड़ा कर दे?

—यह केवल भारतीय समस्या ही नहीं है। बदलाव से अपने को अलग कैसे किया जा सकता है? मेरा तो अपना मत है कि निकट भविष्य के चार-पाँच वर्षों के भीतर अपने देश में कोई नयी राजनीतिक पार्टी जन्म लेने वाली है, जो वास्तव में 'राजनीतिक पार्टी' हो। नक्सलवाद तो प्रतीक है, एक गुस्सा है। इसके पास कोई नया समाधान नहीं है। जमीन के लिए सही लड़ाई अभी बाकी है। जमीन का फैसला बहुत जल्द होने वाला है। जब सही जनता सामने खड़ी हो जाएगी तो बन्दूक की सारी बातें हवा हो जाएँगी और जनता जमीन को स्वयं लड़कर ले लेगी।

सारिका/मार्च, 1971

दुःख-सुख में साझेदारी के लिए

...मैं 1952 तक सक्रिय राजनीति में था, ...अपने क्षेत्र के कई किसान आन्दोलन, काश्त-संघर्ष तथा मिल-मजदूरों की हड़ताल में नारे लगाने और पार्टी-पत्रिकाओं में उन संघर्षों के अनुभवों पर रिपोर्ताज़ वगैरह लिखा करता था।...तो, मैं चुनाव लड़ रहा हूँ—अपने क्षेत्र साधारण जन के सुख-दुख में सक्रिय रूप से हाथ बटाने के लिए। अपने लोगों की समस्याओं को मुक्त कण्ठ से प्रस्तुत करने के लिए।...अपने क्षेत्र के विषाक्त किये गये सामाजिक-सांस्कृतिक जीवन को फिर से निरामय विशुद्ध करने के लिए।...

1972 के विधान सभा के प्रत्याशी के रूप में खड़े होने के बाद जुगनू शारदेय को कई स्पष्टीकरणों के साथ, पिछले जीवन के संस्मरण सुना रहे हैं रेणु जी!

फणीश्वरनाथ रेणु का नाम साहित्य के अध्येताओं के लिए नया नहीं है। वह चुनाव लड़ रहे हैं। 1970 में सर्वोदय नेता जयप्रकाश नारायण ने उन्हें एक पत्र लिखा था : ''गाँव की कठोर वास्तविकताओं को निकट से देखने का यहाँ अवसर मिला है। 23 वर्षों के स्वराज्य के बावजूद भारत माता का आँचल सचमुच कितना 'मैला' है ...मैं चाहता हूँ आप जैसे साहित्यकार इन वास्तविकताओं को आकर देखें और उनकी तस्वीर साहित्य में उतारें। 'मैला आँचल' लिखकर रेणु ने साहित्य-लेखन या उपन्यास-लेखन की जो परम्परा शुरू की थी, वह समाप्त हो गयी-सी लगती है। आज की पृष्ठभूमि में उसे पुनर्जीवित कर आगे बढ़ाने की जरूरत है। यह तो जाहिर है कि इस देश में भावी क्रान्ति का क्षेत्र गाँव ही होगा और नव-निर्माण का आरम्भ भी वहीं से होगा। अतः क्रान्तिकारी नवसाहित्य का सृजन गाँव में बैठकर ही किया जा सकता है।'' मैंने रेणु जी से जब पूछा कि आप चुनाव क्यों लड़ रहे हैं तो उन्होंने पहले जयप्रकाश

नारायण के इस पत्र को उद्धृत किया और तब अपनी बात आगे बढ़ाते हुए बोले :

"मैं 1952 तक सक्रिय राजनीति में था, यह तो आपको मालूम ही है। अपने क्षेत्र के कई किसान आन्दोलन, काश्त संघर्ष, तथा मिल-मजदूरों की हड़ताल में नारे लगाने और भाषण देने के अलावा पार्टी-पत्रिकाओं में उन संघर्षों के अनुभवों पर रिपोर्ताज वगैरह लिखा करता था। बाद में मैंने पार्टी (सोशलिस्ट पार्टी) छोड़ दी। सक्रिय राजनीति से अलग होकर भी राजनीति से संन्यास नहीं ले सका। मेरे उपन्यास–'मैला आँचल', 'परती परिकथा', 'दीर्घतपा', 'जुलूस', 'कितने चौराहे' उसके प्रमाण हैं। रोजी-रोटी के लिए पिछले 15 सालों से शहर में रहने के बावजूद गाँव से मेरा सम्बन्ध विच्छिन्न नहीं हुआ है। अपने इलाके के हर सुख-दुःख को पहले की तरह भोगता हूँ। अपने क्षेत्र की राजनीति का सीधा असर मुझ पर अब तक पड़ता रहा है। गाँव-समाज में संग्रामी-सुराजी किसान का बेटा पहले हूँ–लेखक बाद में। पार्टी और राजनीति से अलग हुए मुद्दत हुई। लेकिन, अपने क्षेत्र की साधारण जनता की नजर में मैं अब भी वही हूँ–जो पहले था। मेरे जन्म से पूर्व ही तिलक स्वराज्य फण्ड वसूलने के दिन से ही इलाके में मेरा परिवार राष्ट्रीय परिवारों में से एक समझा जाता रहा है। यही कारण था कि मेरी राजनीतिक निष्क्रियता के बावजूद मेरे अँचल के लोग मुझे अराजनैतिक व्यक्ति नहीं समझते।"

"इतनी-सी आवश्यक भूमिका के बाद, अब आपके प्रश्न का सीधा जवाब दे रहा हूँ। 1970 में श्री जयप्रकाश नारायण ने मुसहरी से मुझे एक पत्र लिखा था, जिसे मैं आपको सुना चुका हूँ। इस पत्र को मैंने पटना में आयोजित युवा लेखक सम्मेलन में भी पढ़कर सुनाया था। जयप्रकाश जी के इस पत्र ने मुझे एक बार फिर झकझोर कर जगा दिया। 'मैला आँचल' के डॉक्टर प्रशान्त ने कहा था, 'कम से कम एक ही गाँव के कुछ प्राणियों के मुरझाये ओठों पर मुस्कराहट ला सकूँ, उसके हृदय में आशा और विश्वास को प्रतिष्ठित कर सकूँ।' जयप्रकाश जी ने भी एक गाँव को लिया है और करीब-करीब ऐसा ही व्रत उन्होंने लिया है। जयप्रकाश जी ने मुसहरी में रहकर जो कुछ प्रत्यक्ष देखा-सुना और अनुभव किया, उन्हें मैं हमेशा अपने गाँव में देखता-सुनता और भोगता आया हूँ। फिर क्या कारण है कि 'मैला आँचल' की परम्परा समाप्त हो रही है। मैं सोच में पड़ा रहा और ऐसा लगा कि बिना 'इन्वाल्व' हुए अब काम नहीं चल सकता। दिमाग में यह सब चल ही रहा था कि अचानक एक दिन अखबार में पढ़ा कि मेरे गाँव के हिन्दू-मुस्लिम आपस में लड़ रहे हैं और सारे इलाके में तनाव का वातावरण है। गाँव में सशस्त्र पुलिस के दल तैनात हैं। अब तक कभी ऐसी घटना नहीं घटी थी। बल्कि तीन-चार साल पहले तक होली में मेरे गाँव के फरजन्द मियाँ सदलबल झाँझ बजाकर फाग गाते थे और कई साल पहले भी गाँव के बूढ़े पुराने लोगों के अनुरोध पर मुहर्रम में कमर में घुँघरू बाँधकर बाँस की भूडनी बजा-बजाकर मैंने

राष्ट्रीय मर्सिया गाया है—'देसवा के खातिर मजहरूलहक भइलन फकीरवा हो हाय ...कि दीन भइलन राजेन्द्र प्रसाद हो हाय...हो हाय!! बाद में मालूम हुआ कि लोग आपस में लड़ाये गये हैं। सैंकड़ों की तादाद में फौजदारी कचहरियों में दफा 107 की कार्रवाई के सिलसिले में वे महीनों चक्कर में रहे। अन्त में एक पंचायत बुलाकर आपस में मेल करवाया गया, जिसमें मैं भी उपस्थित था। बातचीत के सिलसिले में जब पुराने दिनों की बातों की याद दिलाने लगा तो सभी की आँखें छलछला गयीं। और इसके कई महीनों के बाद ग्रामपंचायत के चुनाव में एक मुस्लिम युवक को लोगों ने मुखिया बनाया।

"पिछले ही साल सितम्बर-अक्टूबर महीने में अखबारों में एक खबर पढ़ने को मिली कि मेरे ही गाँव के दो मुसहर भूख से मर गये। समाचार में यह भी था कि सरकारी डॉक्टर ने पोस्टमार्टम रिपोर्ट में इसे भूख से हुई मौत करार दिया है तथा सरकार की ओर से इन्हें हैजा से हुई मृत्यु घोषित किया गया है। फारबिसगंज में सुना, विधायक मित्र ने मुझे ही सम्बोधित कर कहा, अजी रेणु! तुम्हारे ही गाँव के दो मुसहर भूख से मरे हैं। यह भी सुनने में आया कि क्षेत्र के विधायक सरकारी घोषण के विरुद्ध कुछ करने वाले हैं—वे विधानसभा में अपने दल के मुख्य सचेतक थे। सरकार भी उन्हीं के दल की थी। मैंने आशा की थी कि विधायक महोदय और कुछ न कर सकें त्यागपत्र तो दे ही सकते हैं, किन्तु उन्होंने ऐसा कुछ भी नहीं किया। वे अचानक चुप हो गये, शायद अपनी लड़खड़ाती सरकार को बचाने की कोशिश में व्यस्त हो गये।

"पिछले ही साल की बात है कि मेरे गाँव का एक नौजवान अचानक मेरे डेरे पर आया और 'सर्चलाइट' के मुखपृष्ठ की कतरनों को मेरे सामने बिखेरकर खड़ा हो गया। यह प्रतिभावान नौजवान पाठशाला से लेकर विश्वविद्यालय तक सर्वप्रथम आता रहा है। गोल्ड मेडल भी प्राप्त किया है। गत दो वर्षों से बार-बार इण्टरव्यू देता है, कई बार चुना गया, पर नौकरी मिल जाती है किसी दूसरे या तीसरे को। सर्चलाइट के सम्पादक ने कई बार मुखपृष्ठ पर उसके बारे में मोटी-मोटी सुर्खियों में लिखा, पर सब बेकार। मैंने अपने इलाके के विधायक और एम. पी. के नाम पत्र देना चाहा तो उसने तिलमिलाकर कहा, आप किन लोगों के पास जाने को कह रहे हैं। मैं कहाँ नहीं गया हूँ...और आखिरी तिनका कहिए या अन्तिम चोट जिले के सन्थाल हत्याकाण्ड ने दी। आपने उसके बारे में लिखा भी और आपने मैला आँचल में सन्थाल हत्याकाण्ड की कहानी पढ़ी ही होगी। इसके बाद मुझसे तटस्थ रहकर तमाशा देखा नहीं गया। फैसला कर लिया...

"तो, मैं चुनाव लड़ रहा हूँ—अपने क्षेत्र के साधारण जन के सुख-दुःख में सक्रिय रूप से हाथ बँटा के लिए। अपने लोगों की समस्याओं को मुक्तकण्ठ से प्रस्तुत करने के लिए। सिर्फ वकालत करने के लिए नहीं, अपने क्षेत्र के विषाक्त किये गये सामाजिक-सांस्कृतिक जीवन को फिर से निरामय विशुद्ध करने के लिए। और अपने

क्षेत्र की नयी पीढ़ी, नयी पौध, नयी फसल की निगरानी करने के लिए। मैं चाहता हूँ कि मेरा क्षेत्र कम-से-कम पाँच साल 'डि-पोलिटिसाइज' की प्रक्रिया से गुजरे। आपको यह बता दूँ कि कभी फारबिसगंज से ही सारे जिले की राजनीति का सूत्र संचालित होता था। जिला काँग्रेस का मुख्यालय भी वहीं था।''

''आपके चुनाव क्षेत्र की समस्याएँ क्या हैं; और यदि आप जीते तो उनका समाधान कैसे करेंगे?''

''मेरे क्षेत्र के लोगों की सबसे बड़ी समस्या है उनकी भूमिहीनता; फिर यातायात की असुविधा। पाट उपजाने वाले खेतिहर की किस्मत पाट के बाजों के हाथ में है। उत्तर की ओर भारत-नेपाल सीमा है जो नित्य नयी सामाजिक विकृतियों को जन्म देती है...समाधान? समाधान तो सरकार करेगी। मैं इन समस्याओं को लेकर सरकार को कभी चैन नहीं लेने दूँगा। सभा के अन्दर और बाहर वाली और लेखनी के सहारे जब कुछ नहीं हो सकेगा तो व्यक्तिगत सत्याग्रह और आन्दोलन।''

''मगर आप तो अकेले रहेंगे?''

''अकेले चने से अकेले आदमी की तुलना गलत है। अकेला चना भाड़ न फोड़ सके, मगर जमीन में जड़ जमाकर मुट्ठी भर चना तो पैदा कर ही सकता है, अकेला और निर्दलीय होने के कारण मेरी आवाज मन्द नहीं हो जाएगी। इसका मुझे विश्वास है। मैं 'तबे एकला चलो रे' विश्वास के साथ गाया करता हूँ।''

''बुद्धिजीवी और राजनीतिक दलों के बीच आपकी समझ से कैसे सम्बन्ध होने चाहिए?''

''देखिए! अब सभी राजनीतिक दल बुद्धिजीवियों का मान लेने लगे हैं। सभी पार्टियाँ राजकाज में शरीक कराना चाहती हैं। पार्टियाँ बुद्धिजीवियों को सबसे पहले दलमुक्त करना चाहती हैं। उनकी बदनीयती का यही सबसे बड़ा सबूत है। वे चाहते हैं कि लोग पहले अपनी बुद्धि पार्टी के पास गिरवी रख दें, यह कैसे हो सकता है? दलमुक्त होने के बाद भी खैरियत रही है। किसी दल का बुद्धिजीवी होना ही पर्याप्त नहीं है। उस दल में आप किस व्यक्ति और किस गुट के बुद्धिजीवी होंगे? बुद्धिजीवी कभी किसी व्यक्ति या पार्टी की गुलामी कबूल नहीं कर सकता—चाहे वह पार्टी कितनी भी बड़ी क्यों न हो और वह व्यक्ति ''अतिमानव ही क्यों न हो।''

''साहित्य और राजनीति क्या एक दूसरे के पूरक हैं?''

''आपके इस सवाल का जवाब अभी विस्तार से नहीं दे सकूँगा। मेरा ध्यान अभी अपने चुनाव क्षेत्र के गाँवों और गलियारों में है। साहित्य और राजनीति के आपसी सम्बन्ध के सवाल मुझसे बराबर पूछे जा रहे हैं। मैंने हमेशा इसके जवाब में घुमा-फिराकर कहा—मेरा साहित्य पढ़िए।''

''आपकी पुरानी पार्टी, सोशलिस्ट पार्टी के बारे में आपकी क्या राय है, जिसने पहले तो आपको अपना समर्थन भी दिया और अब उनका उम्मीदवार भी आपके क्षेत्र में है?''

''अव्वल तो आज की सोपा वह सोपा नहीं है, जिसका एक सदस्य मैं था, हाँ लोग वही जरूर हैं। सोपा ने जब मेरे विरुद्ध कोई उम्मीदवार खड़ा नहीं करने की बात

फैलायी तो मुझे विश्वास होने लगा था कि राजनीतिक दोस्ती महज दिमाग की नहीं हृदय की भी होती है। लेकिन, अखबारों की बयानबाजी और व्यक्तिगत पत्र के बावजूद सोपा का उम्मीदवार, मेरा प्यारा कामरेड (?) जब खड़ा हो गया तो मेरा क्षणिक भ्रम दूर हो गया। हाँ, उम्मीदवार के पहले मेरा प्यारा दोस्त यह पुर्जा मेरे घर पर छोड़ गया था : प्रिय रेणु, मैं पाँच बजे सन्ध्या में आया था, ताला बन्द देखकर जा रहा हूँ। पाँच फरवरी को अररिया कोर्ट में मिलूँगा—2 बजे दिन में फारबिसगंज क्षेत्र से केवल तुम्हीं को पार्टी समर्थन देगी। ऐसा निश्चय कर लिया है—तुम्हारे भाई—लषण : 3-2-72 : मगर अपने प्यारे कामरेड की उम्मीदवारी से मुझे कोई अचरज नहीं हुआ—मैं ऐसी ही आशा करता था।''

''एक अन्तिम जिज्ञासा, मैला आँचल और परती परिकथा के फारबिसगंज और चुनाव क्षेत्र फारबिसगंज में क्या समानता—अन्तर है?''

''आपके इस दिलचस्प सवाल का जवाब भी दिलचस्प देने जा रहा हूँ। इसलिए निवेदन कर दूँ कि मेरे कथन पर अविश्वास मत कीजिएगा। 5 फरवरी को नामांकनपत्र दाखिल करने के बाद मैंने अपने क्षेत्र के मतदाताओं के नाम अपील की कि 8 फरवरी से 11 फरवरी तक मैं अपने क्षेत्र के प्रमुख स्थानों में उपस्थित होकर आपसे आमने-सामने बातचीत करना चाहता हूँ। आपके मन में कोई शंका और सवाल हों तो उठाएँ। अगर आप यह समझते हैं कि मैं आपका प्रतिनिधित्व करने के काबिल नहीं हूँ तो आप मुझे रोकें-टोकें। भरी सभा में हो-हल्ला कर मुझे हूट करें। चारों रैलियों में हर वर्ग के लोग जमा हुए और घंटों मेरी बात चुपचाप सुनते रहे। फारबिसगंज स्टेशन के चौराहे पर हमारे गुरु स्वर्गीय रामदेनी तिवारी 'द्विजदेनी' के प्रस्तर-प्रतिमा के नीचे रिक्शा पर बैठकर चौराहे पर मैं एक घंटा बोला कि एक वृद्ध, 75 साल के श्री रामलाल मण्डल जी आ गये—मैला आँचल का एक जीवित पात्र जो साबरमती आश्रम में गाँधीजी को रामचरित मानस गा-गाकर सुनाते थे, माइक लेकर बहुत देर तक मेरे जन्म से लेकर अब तक की बात बोलते रहे। दूसरे दिन जोगबनी में, सरहद के किनारे शहीद साथी कुलदीप झा की समाधि के पास जब बोल चुका तो नेपाली क्रान्तिकथा ('दिनमान' में धारावाहिक प्रकाशित) और परती-परिकथा के एक मात्र फेकन चौधरी जी समर्थन में बहुत बोले और शुभकामना प्रकट की, तीसरा दिन सिमराहा हाट में संयोगवश हम उसी जगमोहन भगत की दुकान पर दही-चूड़ा खा रहे थे, जहाँ मैला आँचल के बावनदास ने दही-चूड़ा खाते समय दो जलेबियाँ भी चख ली थीं। हम जब दही-चूड़ा खा रहे थे, उसी समय किसी ने याद दिलाया, आपके बावनदास ने भी यहीं पर दही-चूड़ा...इसे क्या कहेंगे—सिर्फ संयोग। समानता और अन्तर की क्या बात करूँ।''

दिनमान/27 फरवरी, 1972

बात बोलेगी, मैं नहीं...

अपने चुनाव-भाषण में मैं रामचरितमानस की चौपाइयों, दोहों का उद्धरण दूँगा, उन्हीं का सहारा लूँगा...कबीर को उद्धरित करूँगा, अमीर खुसरो की भाषा में बोलूँगा ग़ालिब और मीर को गाँव की बोली में प्रस्तुत करूँगा और लोगों को उन्हें समझाऊँगा। यों अभी कई जन-सभाओं में मैंने दिनकर, शमशेर, अज्ञेय, पन्त और रघुवीर सहाय को उद्धृत किया है..

रेणु से चुनाव-चर्चा कर रहे हैं भूपेन्द्र अबोध!

नाव, हिन्दी के अन्तर्राष्ट्रीय ख्यातिप्राप्त उपन्यासकार और 'तीसरी कसम' के लेखक फणीश्वरनाथ रेणु का चुनाव-चिन्ह है, जो इस बार अपने ग्रामीण क्षेत्र फारबिसगंज (पूर्णिया) से विहार विधान-सभा के निर्दलीय प्रत्याशी हैं।

पिछले 31 जनवरी को एक साधारण से प्रेस-सम्मेलन में रेणु ने निर्दलीय प्रत्याशी के रूप में चुनाव लड़ने सम्बन्धी अपने निर्णय की घोषणा की थी, और अगले दिन बिहार के दैनिक समाचार पत्रों में जब यह खबर आयी, तब यहाँ के बुद्धिजीवी और राजनीतिक वर्ग में एक हलचल-सी उठ खड़ी हुई। चेहरे पर प्रश्न टाँके रेणु के परिचित एक-दूसरे से पूछते फिर रहे थे—रेणु के माथे यह क्या खप्त सवार हो गयी? समाचार सही है या गलत? चुनाव लड़ने की ही इच्छा है तो निर्दलीय क्यों? कोई भी दल रेणु को पाकर गौरवान्वित होगा, उसकी प्रतिष्ठा बढ़ेगी। रेणु को बहुत करीब से जानने वाले लोग नामांकन-पत्र भरने के आखिरी दिन का इन्तजार कर रहे थे—क्या पता भरते भी हैं, या टाल जाते हैं। घोषणा तो एक मूड-विशेष की बात थी, कर दी गयी। मनःस्थिति बदल भी सकती है—उनका कौन ठिकाना? और घोषण के दो-चार दिनों के अन्दर ही कई दलों की ओर से रेणु के पास एक के बाद एक 'आफर' पहुँचे—चुनाव लड़ने का निश्चय सचमुच हो तो वह उनके दल से चुनाव लड़ें। रेणु टाल गये—वह सब नहीं करना, और इसी बीच वह पटने से गायब!

और नामांकन पत्र दाखिल करने से लेकर उम्मीदवारी वापस लेने की आखिरी तारीख फारबिसगंज में गुजारकर जब वह पटना आये तब स्वाभाविक था लोग उनसे पूछते—क्या हुआ?

—बस, सब ठीक-ठाक। क्षेत्र के बूढ़े, जवान, विद्यार्थी, प्राध्यापक, मजदूर, किसान सबों में उत्साह है। प्रचार-कार्य चल रहा है। मैं अपना चुनाव-भाषण 18 फरवरी से शुरू करूँगा।

निर्दलीय प्रत्याशी क्यों? पार्टी विशेष क्या बुरी थी?—अगला सवाल!—पार्टी-विशेष बुरी नहीं लेकिन पार्टी के भीतर पार्टी, वह तो बुरी है? बुद्धिजीवी आदमी को पार्टीबाजी में नहीं पड़ना चाहिए। लोग कहेंगे फलाँ रामलखन सिंह यादव गुट का उपन्यासकार है, फलाँ दरोगा राय गुट का। फलाँ कपूरी ठाकुर ग्रुप का बुद्धिजीवी, फलाँ रामानन्द तिवारी गुट का आप ही से कोई पूछ दे, क्या जवाब दीजिएगा? वैसे ही काँग्रेसी जनसंघी या सोपा मार्का बुद्धिजीवी होना बुरा है, उसमें भी दल के भीतर अलग-अलग व्यक्तियों का प्रभाव-मार्का होना पड़े, मेरी नैतिकता इसे नहीं स्वीकार करती।

रेणु अपनी जिद के आदमी हैं। नैतिकता, वह चाहे साहित्य में हो, जीवन में या राजनीति में बहुत बड़ी शर्त होती है। सफलता-असफलता अपनी जगह है। सफलता पाने के लिए आदमी को नैतिकता गिरवी रख देनी पड़े, व्यक्ति-जीवन का यह भयंकरतम अपराध है। लेकिन आज नैतिकता का निर्वाह करने वाला आदमी राजनीति में अपना निर्वाह कैसे कर सकता है? यह एक अहम सवाल है। रेणु ऐसे किसी प्रश्न से अनभिज्ञ हों, ऐसा नहीं कहा जा सकता। रेणु की प्रतिष्ठा और ख्याति को देखते हुए और यह पता होने के बावजूद कि साहित्य में आने के पहले वह समाजवादी पार्टी और नेपाल काँग्रेस के सक्रिय कार्यकर्ता थे, मैंने उनसे जानना चाहा कि इस बार चुनाव लड़ने की बात उनके मन में कैसे और क्यों आयी? आयी भी तो वह अपने क्षेत्र फारबिसगंज से ही क्यों खड़े हुए? हिन्दुस्तान का कोई क्षेत्र ऐसा नहीं है जहाँ रेणु को श्रद्धा और प्यार देने वाले लोग न हों, वह कहीं से भी खड़े हो सकते थे। और बदले में उन्होंने जो कुछ बताया वह चुनाव में खड़े किसी पेशेवर नेता की अपने क्षेत्र की जनता के प्रति सामयिक और दिखावे की सहानुभूति से सर्वथा अलग की चीज थी। वैसे भी रेणु के मन में अपना गाँव-इलाका, वहाँ के लोग, वहाँ के सुख-दुःख, वहाँ की समस्याएँ जिस रूप में और जिस अंश तक जीवित हैं, वह अपने आप में एक इतिहास है। यह निर्णय करना बिल्कुल ही कठिन और लगभग असम्भव है कि रेणु के गाँव-इलाके की समस्याओं ने, वहाँ के सुख-दुःख ने, शिक्षित-अशिक्षित किसान-मजदूरों ने प्रत्यक्ष-अप्रत्यक्ष रूप से लिखने की प्रेरणा जगाकर रेणु को इतना बड़ा लेखक बनाया, या रेणु ने लिखकर अपने गाँव-इलाकों से, वहाँ की समस्याओं से पूरी दुनिया को परिचित कराया कि बिहार का पूर्णिया जिला और फारबिसगंज खुद

रेणु का पर्यायवाची बन गया। पूर्णिया या फारबिसगंज का नाम सुनते ही रेणु आँखों के सामने आ जाते हैं, 'मैला आँचल' और 'परती-परिकथा' के पृष्ठ हवा में फड़फड़ाने लगते हैं—रेणु का पूर्णिया, रेणु का फारबिसगंज! ऐसा लगता है रेणु नहीं होते तो पूर्णिया 'बिहार का कालापानी' बना रहता, रेणु न हों तो पूर्णिया फिर से 'बिहार का कालापानी' बन जाए—रेणु और रेणु के लेखन से प्यार करने वाले करोड़ों-करोड़ लोगों का ऐसा ही कुछ खयाल है।

मेरे प्रश्न के बदले आँख पर झूल आयी लटों को कान पर समेटते हुए उन्होंने बताया—आप जानते हैं कि मैं 'होल-टाइम' साहित्य करने के पहले राजनीति करता था, यानी पार्टी में था। किसान-मजदूरों के बीच। किसानों की कई एक बड़ी लड़ाइयाँ लड़ीं, मजदूर-आन्दोलनों में सक्रिय भाग लेता रहा। इधर यों देखने में तो ऐसा लगता था कि सक्रिय राजनीति से मैंने संन्यास ले लिया है, सक्रिय राजनीति से अलग हो गया हूँ, मगर बात ऐसी नहीं थी। राजनीतिक पार्टी का सदस्य न होकर भी आदमी राजनीति कर सकता है, यह बात लोगों के दिमाग में अटेगी भी नहीं। मेरी रचनाएँ, खासकर 'मैला आँचल', 'परती-परिकथा', 'दीर्घतपा', 'जुलूस', 'कितने चौराहे' सभी राजनीतिक समस्याओं, विचारों के ही प्रतिफलन हैं। अब रही बात फिर से सक्रिय राजनीति में आने की, तो तात्कालिक कारणों में से कई कारण हैं। पिछले साल मेरे इलाके, मेरे क्षेत्र या यों कहिए कि गाँव (औराही हिंगना) में एक के बाद एक कई ऐसी घटनाएँ घटीं, जिन्होंने मुझे हिला दिया। और वे हैं :—

1. मैं जिस क्षेत्र का हूँ उसमें एक तिहाई अल्पसंख्यक जन हैं। मुझे याद नहीं कि वहाँ कभी हिन्दू-मुस्लिम झगड़े हुए हों। दो साल पहले तक हिन्दू-मुसलमान मिलकर होली में फाग गाते थे और अबीर-गुलाल उड़ाते थे। मुहर्रम में कमर में घुँघरू बाँधकर हाथ में बाँस की झरनी लेकर झूम-झूमकर मैं और मेरे गाँव के लोग मर्शिया गाते थे। लेकिन इधर की राजनीतिक चेतना (?) ने इस सौहार्द्रपूर्ण माहौल को ऐसा कलुषित कर दिया कि पिछले साल वे आपस में लड़ पड़े। लड़ पड़े नहीं, बल्कि यों कहिए कि उन राजनीतिक तत्त्वों द्वारा लड़ा दिये गये जो ग्राम-पंचायत से लेकर विधान-सभा और लोकसभा के चुनावों में अल्प-संख्यक और बहु-संख्यक वर्ग को कच्चे माल की तरह इस्तेमाल करते हैं। बहुत-से लोग जख्मी हुए फिर गिरफ्तारियाँ हुईं, मुकदमे चले और गाँव के सैकड़ों लोग महीनों कचहरी में परेशान किये गये। मेरे इलाके में कहीं कुछ भी हो, लेकिन ऐसा कभी नहीं हुआ था। इस घटना के बाद जब मैं गाँव पहुँचा तब मुझे ऐसा लगा कि इसके लिए थोड़ा दोषी मैं भी हूँ।

2. पिछले वर्ष ही सितम्बर-अक्तूबर महीनें में अखबार में तीन पंक्तियों की खबर पढ़कर मैं फिर चौंका। मेरे ही गाँव में भूख से दो बेजमीन मुशहर की मौत हो गयी है, यह उस खबर में थी। मेरे क्षेत्र के विधायक जोर-जोर से कह रहे थे कि मौत भूख से हुई है और सरकार की ओर से इसे इनकार किया जा रहा था और इस मौत का

कारण हैजे की बीमारी बताया जा रहा था। हालाँकि सरकारी डाक्टरों ने अपनी पोस्टमार्टम रिपोर्ट में उस मौत का कारण भूख को ही बतलाया था। उस वक्त मुझे ऐसा लगा कि हमारे क्षेत्र के विधायक महोदय तथा अन्य राजनीतिक पार्टियाँ मिल-जुलकर रोष प्रकट करेंगी, आन्दोलन करेंगी, मगर ऐसा कुछ भी नहीं हुआ। मैंने यह भी सोचा था कि हमारे विधायक महोदय इसी बात पर और कुछ नहीं कर सकें मगर अपनी लँगड़ी सरकार से इस्तीफा तो दे ही देंगे। मगर वह चुप हो गये और फिर कभी उस घटना को लेकर कोई चर्चा नहीं हुई। यों वह सरकार दो या तीन महीने बाद गिर भी गयी।

3. पिछले ही साल मेरे गाँव का एक नौजवान—जो पाठशाला से लेकर विश्वविद्यालय की परीक्षा तक में कभी द्वितीय नहीं हुआ, मैट्रिक, बी. ए., एम. ए. में जिसने विश्वविद्यालय में सर्वप्रथम स्थान प्राप्त किया, जिसकी लम्बाई, चौड़ाई, मुटाई में कहीं कोई ऐब नहीं, जो स्वस्थ और तन्दुरुस्त है—मेरे पास आया। मेरे सामने दैनिक सर्चलाइट (पटना) की कतरनों को बिछाते हुए अपना दुखड़ा रोना शुरू किया कि किस तरह हर बार उसे विश्वविद्यालय की नौकरी के लिए इन्टरव्यू में बुलाकर जलील किया जाता रहा है। कई बार तो चुने हुए प्रत्याशियों में उसका नाम पहला होता था, लेकिन नौकरी दूसरे या तीसरे प्रत्याशी को मिल जाती थी। वह मेरी सहायता चाहता था। मैंने उसे अपने क्षेत्र के विधायक और संसद-सदस्य के पास जाने की सलाह दी तो पहले उसने हताश होकर मेरी ओर देखा, फिर गुस्से में आकर कहने लगा—आप मुझे किन लोगों के पास जाने को कहते हैं? यह खेल तो उन्हीं लोगों के हैं। आप लोग राजनीति से अलग और विमुख होकर इस तरह निर्विकार हो गये, उसी के ये सब नतीजे हैं। और चौथी बात—रेणु थोड़ी देर के लिए रुके थे। चेहरे पर झूल आयी लटों को कान पर उन्होंने फिर से सहेजा था, चेहरे पर दुःख की परछाइयाँ स्पष्ट उभर आयी थीं—चौथी बात कि पिछले दिनों मेरे जिले में जो सबसे दिल दहलाने वाली घटना हुई, यानी चौदह आदिवासी सन्थाल मारे और जला दिये गये, इसने तो मुझे अपनी ही निगाह में गिरा दिया। आप 'मैला आँचल' में देखिएगा, बेजमीन सन्थालों के संघर्ष की कथा 1954 में मैंने लिखी थी। सन्थालों की समस्याओं को लेकर मैंने जिन खबरों की कल्पना की थी, ऐसी लगा कि वह अठारह वर्षों बाद इस नाटकीयता से फिर से दुहरायी जा सकती हैं। और तभी से इन चार सवालों को लेकर मेरे अन्दर विचार-मन्थन चलता रहा, फिर अन्ततः यह फैसला, कि मैं भी इस बार का चुनाव लड़ूँगा।

'लेकिन अपने क्षेत्र की समस्याओं और वहाँ के लोगों के दुःख-दर्द से द्रवित होकर चुनाव लड़ने का फैसला ले लेना ही तो सब कुछ नहीं है। आप वहाँ के लिए कुछ कर सकें, इसके लिए चुनाव में आपकी जीत की जरूरत है और चुनाव जीतने की आज जो प्रक्रिया—लाठी, पैसे और जाति की ताकत—सबसे ज्यादा कारगर साबित हो रही है, उसमें आप कहाँ ठहरते हैं? आपके पास लाठी और पैसे हैं नहीं, न ही आप

जातिवादी हैं, फिर वह कौन-सा नैतिक विश्वास है जो आपको भरोसा दे रहा है?' मेरा अगला सवाल।

'सक्रिय राजनीति में जिन दिनों था और जन-जीवन से मैंने जो भी कच्चा माल जमा किया उसे 'फिनिश्ड' बनाकर साहित्य को देता रहा। इन घटनाओं ने मुझे यह भी एहसास दिया कि कच्चे माल की अब कमी हो गयी है, जन-जीवन के दुःख-दर्द से मैं अपरिचित-सा होता जा रहा हूँ। गाँवों में जो यह नयी पीढ़ी आयी है, यानी 20-21 साल के नौजवानों की, वे तथा मैं दोनों आपस में एक-दूसरे के लिए अजनबी हैं। मैंने यह फैसला साहित्य के लिए भी किया है। अर्थात् फिर इन्वाल्व्ड हुए बगैर काम चलने का नहीं।

जहाँ तक बात नैतिक विश्वासों की है, अपना नामांकन-पत्र भरने के बाद मैंने यह फैसला किया कि अपने इलाके के कई प्रमुख स्थानों में लोगों को बुलाकर उनसे आमने-सामने बातचीत करूँ, उनकी राय जानूँ। अगर वे मुझे अपने प्रतिनिधि के योग्य न समझें तो फिर अपना नामांकन-पत्र वापस कर लूँगा। मैंने अपने पर्चे में लोगों को निमन्त्रित किया कि वे इन गोष्ठियों में आयें और अगर मैं उनका अगुवा बनने के काबिल नहीं, तो मुझे रोकें, और टोकें और उचित समझें तो हो-हल्ला कर, शोरगुल मचाकर मुझे मेरे फैसले से विमुख करें। और इस सिलसिले में तीन-चार गोष्ठियों में मुझे जो कुछ देखने-समझने को मिला उसने मुझे और दृढ़ कर दिया। एक सभा में एक ग्रामीण अधेड़ ने तो साफ शब्दों में मुझसे कहा—अगर इस बार उम्मीदवार नहीं होते तो आप सबसे बड़े मुजरिम होते। नौजवान, विद्यार्थी, अध्यापक तथा मेरे प्रेमी पाठक कार्यकर्ता के रूप में काम कर रहे हैं। मेरी चार गोष्ठियों में मेरे बाद जो लोग सामने बोलने के लिए आये, अचरज की बात कि वे सभी मेरे उपन्यासों के जीवन्त पात्र थे जो अपने सही नाम के साथ मेरे उपन्यासों में आये हैं और जीवित हैं (राम लाल मण्डल—मैला आँचल, फेकन चौधरी—नेपाली क्रान्ति कथा, जगमोहन भगत की दुकान और उसके परिवार के लोग—मैला आँचल)

मुझे उम्मीद है कि हम चुनाव-अभियान के दौरान कहीं-न-कहीं मरे हुए बावनदास से भी मेरी मुलाकात हो जाएगी, अर्थात् वह विचारधारा जो बावनदास पालता था, अभी भी सूख नहीं गयी है।

रही बात लाठी, पैसे और जाति की ताकत की, तो अगर ऐसा ही है और यह नियम हो चला है कि इन्हीं तीन चीजों के बल पर चुनाव जीते जाते हैं तो बगैर लाठी, बगैर पैसे और बगैर जाति के बल पर चुनाव लड़कर क्यों नहीं देखा जाए? यानी, समाज और तन्त्र में प्रवेश करती हुई इन विकृतियों से लड़कर ही क्यों न देखा जाए?'

'चुनाव जीतने के लिए तमाम दल अपनी नीतियों के अनुरूप अपने चुनाव घोषणा-पत्र और नारे तैयार करते हैं। निर्दलीय प्रत्याशी के रूप में आपने भी तो कुछ सोचा होगा?'

'हाँ, मेरे क्षेत्र में जो साम्प्रदायिक जहर संक्रामक रूप से फैला है। उसे दूर करने की हर कोशिश करना, बेजमीन लोगों की समस्याओं को सबल कण्ठ से प्रस्तुत करना तथा उसे अमल में लाने के लिए व्यक्तिगत सत्याग्रह से लेकर सामूहिक आन्दोलन तक करना तथा अपने अंचल की नयी पीढ़ी, नयी पौध, नयी फसल की निगरानी करना मेरा पहला कर्त्तव्य होगा। मेरा नारा है—

कह दो गाँव-गाँव में, अब के इस चुनाव में।
वोट देंगे नाव में, नाव में, नाव में।।
कह दो बस्ती-बस्ती में मोहर देंगे किस्ती में।
मोहर दीजै नाव पर, चावल दीजै पाव भर।

मैंने अपने मतदाताओं से अपील की है कि वे मुझे पाव भर चावल और एक वोट दें।

'अपने चुनाव-भाषण में जनता के सामने किन नेताओं के उद्धरण और उदाहरण पेश करेंगे?'

'अपने चुनाव-भाषण में मैं रामचरित-मानस की चौपाइयों, दोहों का उद्धरण दूँगा, उन्हीं का सहारा लूँगा, (अचरज की बात है कि चुनाव लड़ने के लिए सैकड़ों पंक्तियाँ रामचरित-मानस में पड़ी हुई हैं) कबीर को उद्धरित करूँगा, अमीर-खुसरों की भाषा में बोलूँगा, गालिब और मीर को गाँव की बोली में प्रस्तुत करूँगा और लोगों को उन्हें समझाऊँगा। यों अभी कई जन-साभाओं में मैंने दिनकर, शमशेर, अज्ञेय, पन्त और रघुवीर सहाय तक को उद्धृत किया है—

'दूध, दूध ओ वत्स! तुम्हारा दूध खोजने हम जाते हैं—दिनकर
यह दीप अकेला स्नेह भरा—अज्ञेय
बात बोलेगी, मैं नहीं—शमशेर
भारतमाता ग्रामवासिनी—पन्त

न टूटे सत्ता का तिलिस्म, न टूटे—रघुवीर सहाय और भी देखिए, कौन-कौन आते हैं।' कहकर रेणु चुप हुए। पटना शहर के युवा-बुद्धिजीवी वर्ग के कुछ लोग उनसे मिलने आ गये हैं। मैं अपनी नोट-बुक सँभालता हुआ उठता हूँ—अगले सप्ताह ही कटिहार वाली गाड़ी पकड़ूँगा, रेणु को उनके गाँव-इलाके में देखने की बहुत पुरानी इच्छा है।

साप्ताहिक हिन्दुस्तान/5 मार्च, 1972

रेणु का आत्म-साक्ष्य

"सारे हिन्दी लेखकों को...गाँवों में भेजना चाहिए, एकदम! गाँवों में किसानों के साथ काम करें—और किसी को 'उससे ज्यादा कुछ' करना हो तो खान में ज़रा भेजें!...ये हिन्दी के लेखक, जो सब अपने को 'जनता' समझ बैठे हैं! जो सोचते हैं कि वे सब-कुछ जान गये हैं, लिखने को जान गये हैं, राष्ट्रभाषा उनकी हो गयी है...और असल में इनकी ग़रीबी का, बौद्धिक ग़रीबी का हिसाब नहीं है। ये और कुछ जानते ही नहीं—धान का पेड़ होता है या पौधा—यही ये नहीं जानते। मगर ये समस्याएँ उठायेंगे किसानों की! समस्या उठायेंगे मजदूरों की! जिनसे इनका दूर का भी रिश्ता नहीं। लेकिन यह सब चलता है..."

जर्मनी के हिन्दी विद्वान् डॉ. लोठार लुट्से को अपना आत्मसाक्ष्य प्रस्तुत कर रहे हैं रेणु जी!

[प्रस्तुत इन्टरव्यू 'नया प्रतीक' (सं.—स. ही. वात्स्यायन) के जून, 1977 के अंक में प्रकाशित हुआ, इस सम्पादकीय टिप्पणी के साथ :

"रचना-प्रक्रिया के एक अन्वेषण के सिलसिले में डॉ. लोठार लुट्से ने, जो हाइडेलवर्ग विश्वविद्यालय के 'दक्षिण एशिया शोध संस्थान' में भारतीय भाषाओं के प्राध्यापक हैं, भारत में अनेक लेखकों से उनकी एक-एक रचना को निमित्त बनाकर प्रश्नोत्तर तैयार किये थे। इसी सिलसिले में स्व. फणीश्वरनाथ रेणु से उनकी जो भेंट हुई थी, उसमें रेणु की कहानी 'आत्म-साक्षी'[1] को आधार बनाया गया था। इस रोचक

1. 'आत्म-साक्षी' रेणुजी के दूसरे कहानी संग्रह 'आदिम रात्रि की महक' के संकलित एक प्रसिद्ध कहानी है।

और आलोकप्रद वार्तालाप का टेप से प्रत्यंकन यहाँ प्रस्तुत किया जा रहा है। डॉ. लुट्से के मूल प्रश्न अंग्रेजी में थे। उनका यहाँ हिन्दी अनुवाद कर दिया गया है; रेणु जी के उत्तर ज्यों के त्यों हैं—केवल कहीं-कहीं सहज उक्ति को लिखित वाक्य की अन्विति देने के लिए थोड़ा परिवर्तन अनिवार्य पाया गया।"

डॉ. लोठार लुट्से का इस इन्टरव्यू के पूर्व वक्तव्य : "मैं 6 दिसम्बर को पटना पहुँचा। रेणु जी 'एयरपोर्ट' पर उपस्थित थे, बीमार होने पर भी। हमारा साक्षात्कार अगले दिन ही हो सका। 7 दिसम्बर, 1972 की हमारी पहली और आखिरी मुलाकात हमेशा याद रहेगी : सर्दियों का एक सुनहरा दिन, राजेन्द्र नगर में रेणु जी का घर, मेजबान की प्रसन्नता, उनकी उदारता (खास भारतीय किस्म की)। भेंटवार्ता उनकी 'आत्म-साक्षी' नामक कहानी से शुरू हुई। ठीक है, यह 'तीसरी कसम' जितनी लोकप्रिय नहीं है, उसकी काव्यात्मकता, उसकी संगीतात्मकता शायद कम हो—फिर भी, 'आत्म-साक्षी' भी मुझे बहुत पसन्द है, और जर्मन अनुवाद मैंने इसी कहानी का प्रकाशित करवाया। शायद यह बात अच्छी लगी हो कि लेखक फिर एक बार एक मामूली आदमी के पक्ष में हैं, जिसे ईमानदारी और भोलापन की वजह से सजा मिलती है। मेरे विचार में यही रेणु जी का सबसे महत्त्वपूर्ण विषय था। साथ ही, उन्हें भारतीय जनसाधारण पर पूरा विश्वास था।"]

लोठार लुट्से : रेणु जी, आपकी कहानी का शीर्षक है 'आत्म-साक्षी'। पहला प्रश्न आपसे मैं यह पूछना चाहता हूँ कि इस 'आत्म' का विषय कौन है?—यह गनपत कौन है? क्या आप ही का एक अंग है, अथवा आपका परिचित कोई वास्तविक व्यक्ति, या व्यक्तियों पर आधारित एक निर्मिति? या वह सम्पूर्ण कल्पित चरित्र है?

रेणु : (मैं हिन्दी में कह रहा हूँ।) 'आत्म-साक्षी' इसलिए कि वह जो पात्र है न, मेरा हीरो गनपत है जो—मैं नाम भी भूल गया हूँ!—वह साधारण, यहाँ के जो कार्यकर्ता होते हैं न, वही है। और मैंने ऐसे लोग देखे हैं। आपने **'मैला आँचल'** में भी देखा होगा, वह एक बावनदास है, तो बावनदास कुछ सही नहीं था। उसमें सही है वह जो एक चुन्नीदास है। चुन्नीदास को मैंने देखा। और हर पार्टी में ऐसे लगन से काम करने वाले होते हैं—ऐसे जो सचमुच में आप जो कुछ भी कह दें, वह उनके लिए एक वाक्य होता है उनकी किताब में लिखा हुआ, और उसको वे ईमानदारी से करते हैं। और फिर उनको कह दीजिए कि 'तीन बजे फलानी जगह मीटिंग होगी' तो वे अढ़ाई बजे जरूर पहुँचे जाएँगे। बस इतने ईमानदार! और पार्टी का एक पैसा भी चन्दे में लेकर खाने वाले नहीं। जैसे बावनदास ने लिया था, तो मालूम हुआ कि अरे यह तो जलेबी खा रहा है, शौक कर रहा है, तो उसने कै भी कर दिया था। तो जो कुछ गनपत में है, यदि बावनदास जीवित रहते और वह भी कोई पार्टी-वार्टी ज्वाइन कर लेते तो वही हालत उनकी भी होती, जो ईमानदार लोगों की होती है हर जगह।

लुट्से : रेणुजी, मैंने आपको बताया कि आपकी (इस) कहानी का मैंने जर्मन अनुवाद किया है, जो चार और कहानियों के साथ एक संग्रह में छपेगा—संग्रह का नाम मैंने रखा है '**आजादी की मुश्किलें**'। आपकी कहानी का एक अंश मैंने सवाल का आधार इसलिए बनाया कि मुझे लगता है आपका चरितनायक गनपत मानो एकाएक आजादी की मुश्किलें—बल्कि कह लीजिए **आजादी की मुसीबतें** पहचान लेता है—बिजली की कौंध की तरह। क्या आप मेरी बात से सहमत होंगे?

रेणु : हाँ, मैं आपसे सहमत हूँ।

लुट्से : इस अंश के आरम्भ में आपने निर्गुण कवि की एक पंक्ति का उल्लेख किया है—शायद कबीर की पंक्ति होगी—और अन्त में एक गीत की पंक्ति है, जिसका सम्बन्ध गाँधी जी के आन्दोलन से रहा होगा। पूरी बात कबीर और गाँधी जी के बीच में आ जाती है—क्या इसे केवल संयोग माना जाए?

रेणु : नहीं, यह संयोग की बात नहीं है। अगर कबीर के बाद साधारण जनता को किसी ने उद्‌बुद्ध किया, किसी ने एक बार झकझोरा था, तो गाँधी जी ने झकझोरा था। एक कारण यह भी हो सकता है। और यह लिखने के समय क्योंकि इस चरित्र गनपत पर जबकि निर्गुण का प्रभाव है, तो यह अपने आप जाकर के गाँधी में, झगड़ में से होकर 'कचहरिया' में हो सकता है। बल्कि गाँधी जी के भी जो गीत बनते थे—गाँधी के नाम पर—उनमें सीख चाहे गाँधी जी की होती थी, पर उस पर जो गीत उस समय बनते थे, उनकी तर्ज वही होती थी, शब्दावली भी वही जो कबीर से लायी जाती थी। कबीर से, तुलसी से नहीं। हालाँकि गाँधी जी ने तुलसी को ही लिया, राम की वजह से, तुलसीकृत **रामचरितमानस** को ही लिया। पर गाँधीजी की व्याख्या कबीर के ही शब्दों में हो सकती है भारतवर्ष में, मेरे ध्यान में।

लुट्से : मैंने आपके समकालीन कमलेश्वर के एक निबन्ध में भी ऐसी ही बात पढ़ी थी—शायद आपने भी देखी हो—'नयी कहानी की भूमिका' में। कमलेश्वर का भी यही तर्क है कि हमें आज कबीर की जरूरत है, तुलसी की उतनी नहीं। अच्छा अब मैं एक और साधारण प्रश्न पूछूँ। साधारणतया आपकी कहानी क्या कथानक मूलक होती है? या कि चरित्र-प्रधान होती है? या कि विचार-प्रधान? यानी साधारणतया आप कहानी गढ़ते समय केन्द्र में क्या रखते हैं—कथानक या चरित्र या कोई विचार?

रेणु : साधारण तो समस्याएँ जो होती हैं और उनमें खुद अपने को खोजना होता है—वे समस्याएँ जो हमको किसी न किसी ढंग से प्रभावित करती हैं। तो यों कहानी में मेरा ही तो बहुत-सा रूप हो जाता है। और, इसलिए कभी-कभी तो ऐसा होता है कि बात किसी पात्र पर चली आती है, और कभी-कभी घटनाओं पर चली आती है। कभी यह भी पूरा नहीं होता है, और दोनों के बीच झगड़ा ही चलता रहता है। जैसे 'तीसरी कसम' की बात को लें : तीसरी कसम के बारे में जब मैं सोचता हूँ कि यह कैसे—क्योंकि तीसरी कसम लिख करके भी, कहानी लिखकर के भी, मैं पूरा सन्तुष्ट

नहीं हुआ। और फिर दूसरी बातें तो खैर जाने दीजिए, लेकिन जब उस कहानी को लिखकर के भी मेरे मन में यह बात बनी रही कि नहीं, हीरा को और भी कुछ कहना चाहिए, तो हीरा का रूप और भी सामने आना चाहिए था, हीरामन को और भी कुछ होना चाहिए था।...या फिर उस तरह की स्टोरी ही नहीं होनी चाहिए थी जैसी है, कुछ और बननी चाहिए थी। तो इसका मतलब यही कि मैं जो कहना चाहता था, कह नहीं पाया हूँ। इसका मतलब यह होता है कि मैंने सचमुच में कोई ऐसी नायिका देखी हो, जिसकी बुलन्दी, जिसकी ऊँचाई तक मैं नहीं पहुँच पाया हूँ। बल्कि लोगों को अचरज लगेगा कि इसे इतना महान् बना दिया है, इस डर से भी मैंने उसको कुछ कम कर दिया था। तो कभी-कभी ऐसा भी होता है।...

लुट्से : रेणुजी, क्या आपको याद है कि 'आत्म-साक्षी' आपने किस प्रेरणा से लिखी?

रेणु : हाँ—हाँ। वह देखिए न—राजनीति में, राजनेता को लोग यहाँ बड़ी इज्जत से देखते थे, देवताओं की तरह से समझते थे। कभी एक जमाना था—ब्रिटिश अमल में—जब खद्दरधारी को देखकर—जब खद्दरधारी जिस गाँव में जाता था, वहाँ लोग उसकी क्या सेवा करते थे कि 'आ-हा-हाए बेचारा तो जेल चला जाएगा, तो फिर क्या खाने पायेगा!'—तो घर में जो अच्छी से अच्छी चीज हो, वही उसको खिलाते थे। एक समय में वह था। फिर इन लोगों का इमेज धीरे-धीरे, धीरे-धीरे—जब खद्दरधारी राजकाज में आया तब फिर बदल गया। बात यह है कि जनता को—या कोई भी हो उसको—ज्यादा दिन तक तो अनजान नहीं रखा जा सकता। यह दोहरा चरित्र, तेहरा चरित्र, यह सब बारीकी जनता नहीं समझती; जनता एक बात समझती है—ठीक है तो ठीक; काला है तो काला है; सादा है तो फिर बीच में उसको कैसे रंग मिलाया जा सकता है? तो जनता यह सब नहीं समझती थी और उसको यह भरोसा था कि चाहे वह काँग्रेसी हों, चाहे कम्युनिस्ट हों, चाहे सोशलिस्ट हों, जो भी हों, राज-कर्मी सब हम से बहुत ऊँचे हैं, हमारी सेवा करने वाले हैं, हमारा दुःख-दर्द सचमुच देखने वाले हैं। इसलिए हम चोर हो सकते हैं, हम बदमाश हो सकते हैं, लेकिन इन लोगों को नहीं होना चाहिए; हम झूठे हो सकते हैं, लेकिन ये तो ऊपर के आदमी हैं, साधु-सन्त जैसे होते हैं, जो शिक्षा देते थे, दूसरों की सेवा करते थे—ये तो वैसे होंगे...तो यही उम्मीद थी जनता को। लेकिन जब उन लोगों ने देखा कि बात किताब की किताब में है, इनका भाषण जो है सो भाषण ही है; लेकिन जो ये करते हैं सो कुछ और ढंग से—जब देखा कि बाहर तो कुछ है और अन्दर-अन्दर यह है, तो मोह टूट गया। इन लोगों का आपस का स्वार्थ का सन्दर्भ जब बढ़ा, सभी पार्टियों में, तो इनके जो नीति-नियम थे, जो ये लोग पालन करते थे—चोरों के भी होते हैं कुछ नियम, और खास करके जो अँधेरे में कारोबार करते हैं उनके बहुत अच्छे नियम होते हैं। तो इनके आपस के कुछ नियम थे बने हुए, जैसे लेने-देने का : ठीक है, भूमिहार ब्राह्मण यदि दस ज्यादा आ

गया है तो हम सभापति होंगे। तो राजपूत हैं सो उनके उप-सभापति होंगे। तो यह आपस का लेन-देन, हर जगह यही, हर पार्टी में यही होता था। स्वार्थ की बात हर जगह। कौन पावर में आता है, कौन लोगों का संचालन करता है, किसके हाथ में कब क्या होता है। यह जब हुआ, और जब-जब यह जिस-जिस पार्टी में हुआ, तब-तब जनता को मोहभंग समझिए कि जरूरी था– दल-बदल से इस पार्टी में से उस पार्टी में, पार्टियों का टूटना, पार्टियों का तिन-तिन होना–यह सब। जब पहली ही दरार पड़ी थी–काँग्रेस में नहीं, जब यह पार्टियों में पड़ी थी–सोशलिस्ट और कम्युनिस्टों में, अन्तर्राष्ट्रीय स्तर पर, वहीं जब हमारे यहाँ हमने देखा–जब वहाँ सब हुआ था, तब खयाल हुआ ही था कि यहाँ भी होगा ही यह सब। लेकिन जब यहाँ वही सब हुआ तो, कम्युनिस्ट पार्टी की तो बात ही जाने दीजिए, वह तो इन्टरनेशनल पार्टी थी–अपने देश के सोशलिस्ट थे–इनकी तो उस पार्टी में मैं भी कभी था!–तो यहाँ भी ऊपर से ऐलान भी हुए जगह-जगह, पार्टी टुकड़ों में बँटी हुई थी। फिर जात और फिर प्रभाव–यह सब काम कर रहा था–यही सब देखकर तो हम लोग निकल आये थे। लेकिन ये तो खुलकर खेल रहे हैं। लोहिया साहब ने खेला; अच्छा, फिर लोहिया ने जब खेला तो फिर धीरे-धीरे देखते हैं कि हर पार्टी में होने लगा। यहाँ तक कि लोकल पार्टियाँ जो थीं–यहाँ एक जमींदार ने पार्टी बना ली थी–आपको है पता? बिहार में एक बहुत बड़े जमींदार ने, जिसका कि थोड़ा-सा '**परती-परिकथा**' में जिक्र है–कामाख्यानारायण सिंह का नाम मैंने कामरूप नारायण सिंह कर दिया–कामरूप कामाख्या एक जगह का नाम है, असम में है–देवी है जिसकी लोग पूजा करते हैं, कामरूप-कामख्या भी कहते हैं। तो असल नाम था उनका कामख्या नारायण। तो मैंने उसे कामरूप नारायण कर दिया उपन्यास में। देखिए, एक तो बहुत बड़े जमींदार राजा थे; जो असल में उनके यहाँ के एक मिनिस्टर थे–तात्कालिक मिनिस्टर, कृष्णबल्लभ सहाय, जो चीफ मिनिस्टर भी रहे–तो कहा जाता है कि उनके बाप उनके यहाँ नौकर थे–राजा के यहाँ नौकर थे। बेटा फिर लीडर हो गया। लीडर हो गया तो 'तुम्हारा बाप मेरे यहाँ नौकर था तो मेरा भी तो कुछ करो।' लेकिन उन्होंने सोचा कि यदि मैं इसका कुछ करूँगा तो मैं जनता में बदनाम हो जाऊँगा। इसी वजह से उनमें आपस में लड़ाई है।

तो जब लड़ाई हुई तो उसने यह तय कर लिया कि मैं मुकाबला करूँगा काँग्रेस का, और वह सिर्फ उस एक आदमी के लिए। हालाँकि वह रामगढ़ काँग्रेस जब हुई थी, सन् उनतालीस में, तब वह राजा था। उसको उम्मीद थी कि काँग्रेस में उसके लिए जगह बन जाएगी–आखिर उसके नौकर का लड़का वहाँ था। वह सब जब नहीं हुआ तो फिर उसने कहा कि "मैं तुझे एक सबक सिखलाऊँगा, तू याद रखेगा।" तब तक जमींदारी खत्म होने की बात आयी; और यह कृष्णबल्लभ सहाय उस समय रेवेन्यू मिनिस्टर थे। तो राजा ने सोचा कि यह जो जमींदारी प्रथा खत्म करना चाहता है, हम

ही पर इसकी ज्यादा निगाह है। तो उसने जमींदारी प्रथा खत्म होने के पहले ही, जंगल विभाग को जो उसका अपना था, उसको बिल्कुल फ्री कर दिया। वह जानता था कि इसमें मेरा तो कुछ लेना-देना है नहीं, जो होगा सरकार भुगतेगी, उसी का नुकसान होगा सबसे ज्यादा, यों उसने तरह-तरह के तरीके चलाये। लेकिन जिस दिन जमींदारी प्रथा खत्म हुई, उस दिन उसने अपने सारे नौकर-चाकर—और बहुत थे नौकर, जनरल मैनेजर और सर्कल मैनेजर से लेकर के फिर बराहील, सिपाही तक, सब—तो उसने सबको बुलाया। वे सब सलाम करने आये तो उसने कहा कि—"नहीं, तुम्हें छुट्टी नहीं दी जा रही, तुम लोग सब अपनी जगह पर रहो; तुम्हारे पैसे भी जितने मिलते थे, उससे पाँच-पाँच रुपये ज्यादा ही मिलेंगे; सिर्फ यह है कि तुम सब खद्दर पहनना शुरू कर दो और टोपी लगाना शुरू कर दो।"

और उसने, राजा ने, एक जनता पार्टी चला दी और जनता पार्टी ऐसी चलायी कि स्वतन्त्र पार्टी को झख मारकर के उससे समझौता करना पड़ा—चुनाव के लिए मिन्नत करनी पड़ी! और अन्त में तो काँग्रेस पार्टी वाले, सोशलिस्ट पार्टी वाले, कम्युनिस्ट पार्टी वाले सब उस राजा से गले मिले। मैं तमाशा देखने गया था असेम्बली में—किस तरह से इस राजा को मिनिस्ट्री में लेकर दाहिनी तरफ काँग्रेस के चन्द्रशेखर और बायीं तरफ कामरेड, सोशलिस्ट पार्टी के ठाकुर, सब किस तरह बैठते हैं, यही देखने के लिए। मैं कई दिन गया देखने ये विकृतियाँ? वे लोग सब समझते हैं कि यह सब असेम्बली हाल में और उनके यहीं तक रहता है; जनता में नहीं जाता है। ये लोग ऐसा समझते हैं। और उनको अचरज होता है कि ये लोग क्यों गाँव के गाँव लूट रहे हैं, कैसे फसल काटकर ले जाते हैं। बयान देते हैं कि यह सब क्यों हो रहा है। ये लोग यह नहीं समझते हैं कि यह सब उन्हीं की वजह से हो रहा है! ये नहीं जानते और न ही कबूल करेंगे ये।

लुट्से : रेणुजी, एक अच्छे हिन्दी लेखक के पास—और मैं सोचता हूँ कि आप श्रेष्ठ लेखकों में एक हैं, अगर सर्वश्रेष्ठ नहीं तो—उसके अधिकार में एक सुन्दर भाषा है। अब मैं आपसे भाषा-प्रयोग के बारे में सवाल पूछना चाहता हूँ। आपकी भाषा की खड़ी बोली की भित्ति तो है ही, डायलाग में आप स्थानीय बोलियाँ ले आये हैं, जिनका आधार मैथिली ही होगा—फिर जहाँ-तहाँ अंग्रेजी आ जाती है। ऐसी अंग्रेजी के लिए आपने कहीं—शायद परती परिकथा में—'अपभ्रंश' शब्द इस्तेमाल किया है। इस पंचमेल भाषा के बारे में आपके कलापरक विचार क्या हैं, बताएँगे?

रेणु : देखिए, यों जब साधारण जनता की बात कहनी हो, जब वे लोग बोलते हैं, तब तो जाहिर है कि अपनी गाँव की बोली में बोलते हैं, मैथिली में बोलते हैं, मगही में बोलते हैं। मुझको लिखना पड़ रहा है उसको हिन्दी में। तो अगर मैं उसको शुद्ध, व्याकरण-सम्मत और पण्डिताऊ भाषा में लिखता हूँ, तो यह तो खुद कान में कैसा लगेगा कि यह एक गाँव का आदमी किस तरह से बोलता है—इतना शुद्ध बोलता है! और बिल्कुल वैसा या अशुद्ध लिखने से यह उपन्यास चल नहीं सकता है। तो बीच

का कहीं एक रास्ता तैयार करना होगा। तो, जो वे लोग बोलते हैं कचहरी-वचहरी में—'कचराही-बोली' कहते हैं उसे—कचहरी की खिचड़ी भाषा में बोली जाने से 'कचराही बोली'—मैंने इस्तेमाल किया है कई जगह इसी कचराही-बोली का। वे लोग जो कचराही बोली भी बोलते हैं, तो उसमें खास बात एक यह होती है कि जेंडर का—पुल्लिंग-स्त्रीलिंग का—खयाल उसमें नहीं होता है। हिन्दी भाषा में स्त्रीलिंग-पुल्लिंग तो बहुत हैं। वे अपने ढंग से बोलते हैं। पर फिर उसी ढंग से रखें तो भी इन लोगों के गले नहीं उतरेगा—सब कहेंगे कि यह तो बस रद्दी करके छोड़ दिया है, इनकी भाषा सीखने से तो हमारी भाषा खराब हो जाएगी! तो मैंने व्याकरण की दृष्टि से उसको सही रखा—या सही कर दिया। यों गाँव का आदमी ही बोलता है जो ग्रामर नहीं जानता, लेकिन मैंने ग्रामर सही रखा है। फिर उसकी जो भाव की गति है, लय है बोलने की, उसको मैंने नहीं तोड़ा। है वह खड़ी बोली ही, लेकिन थोड़ा-सा ये शब्दों का हेर-फेर कर देने से आपको सुनने में लगेगा कि उसकी लय पकड़ में आ जाती है। है वह खड़ी बोली, लेकिन लय उसकी अपनी है। और फिर जो शब्द अंग्रेजी का उसके पास चला गया है—जैसे निस्पेट्टर : वह तो निस्पेट्टर ही बोलता है। आप उसको कहेंगे कि 'तुम अंग्रेजी बोल रहे हो', तो वह तो ऐसा नहीं समझेगा। वह तो निस्पेट्टर अपनी भाषा में बोलता है। तो उसको हम कैसे छोड़ देंगे? वह तो उसकी अपनी चीज है। ऐसे ही वे लोग कई संस्कृत शब्द बोलते हैं गाँव में—जैसे 'तापतवात नहीं खाएँगे'। तो लोग कहेंगे कि गाँव की बोली बोलता है, लेकिन है तो इतना ही कि शुद्ध संस्कृत के 'तप्त' को वह 'तापत' बोलता है। तो यह भी है कि बहुत सारे संस्कृत शब्द अब भी अपभ्रंश होकर इन लोगों की बोली में इस्तेमाल होते हैं।

अच्छा, अंग्रेजी के बारे में तो कहा ही, उर्दू शब्दों का भी कुछ ऐसा ही हुआ है। उन्हें भी मैंने जिस ढंग से बोले जाते हैं, वैसे रखा है—इतना खयाल करते हुए कि भाषा कहीं चौपट न हो जाए। इसीलिए ग्रामर मैंने सही रखा। बाकी वाक्य बनाने मे थोड़ा-सा मैंने लय के लिए हेर-फेर कर दिया। और तारीफ की बात बता दूँ : तीसरी कसम देखकर बम्बई में एक आदमी ने मुझसे पूछा कि 'यह हिन्दी की तस्वीर है? शुरू से आखिर तक हिन्दी है?' लेकिन उसमें भाषा की लय जो है, बोलने का ढंग जो है, शब्दों की बनावट जो है, वाक्य की गठन जो है—वह सब मैंने जैसा है वैसा इसीलिए किया है।

थोड़ी-सी भाषा की विभिन्नता तो हिन्दी में ही है। आप जिधर चले जाइए, हमारे तरफ के इलाके में, तो हम लोग दूसरी किस्म की हिन्दी बोलते हैं। बम्बई मे देखिए लोगों को, तो और एक किस्म की हिन्दी है। और दिल्ली वाले दूसरी किस्म की, लखनऊ वाले दूसरी किस्म की बोलते हैं। तो जब इतनी-इतनी विभिन्नता है ही, तो आम जनता जहाँ रहती है वैसे ही ढंग से बोलती है : मैथिली हों तो वैसी या मगही प्रदेश के हों तो वैसी हिन्दी बोलते हैं। मैंने ऐसा बीच का रास्ता अख्तियार करके लिखा—कथा की ईमानदारी तक पहुँचने के लिए भी, उसको सच्चा बनाने के लिए भी। कई जगह तो डायलाग में ही चरित्र उभरकर आपके सामने चला आएगा।

लुट्से : रेणुजी, 'नयी कहानी' के सन्दर्भ मे लोगों ने 'शहरी' और 'आंचलिक' वर्ग में भेद किया है। मुझे यह भेद बहुत रुचता तो नहीं, पर आपसे मिलने से पहले मैंने आपके कई 'शहरी' सहयोगियों से बातचीत की थी—वे 'आंचलिक' वर्ग की खासी आलोचना करते हैं—शायद उनसे ईर्ष्या भी करते हैं। वे लोग कहेंगे—''ये आंचलिक लोग तो रोमानी प्रकृति का पोषण करते हैं, यह तो एक तरह की 'कुटीर-उद्योग' मनोवृत्ति है। और हम लोग शहर का कटु यथार्थ प्रस्तुत कर रहे हैं!'' ऐसी आलोचना का आप क्या जवाब देंगे?

रेणु : यह दुष्कर्म—यह पाप भी मैंने ही किया! जब मैला आँचल मैंने लिखा और जब उसका भीतर का टाइटल छपने को जा रहा था—तब मैंने लिखा मैला आँचल और फिर मैंने उसके नीचे लिख दिया 'एक आंचलिक उपन्यास'। मैंने यह यही सोचकर किया कि मैंने जो शब्दों का इस्तेमाल किया, जैसी भाषा लिखी, क्या पता उसको लोक कबूल करेंगे या नहीं करेंगे—इसीलिए मैंने उसे 'आंचलिक उपन्यास' कह दिया। अगर उस समय वहाँ डॉ. लुट्से जैसे मेरे मित्र कोई होते और कहते कि "यह क्यों? उपन्यास तो उपन्यास होता है, आंचलिक क्या होता है?" तब शायद मैं हटा लेता! लेकिन मैंने तो वह कर दिया। और उसके बाद से लोगों में एक खाँचा बना दिया 'आंचलिक' का। और थोड़ी-सी घबराहट और हुई उनको—हुई थी, लेकिन फिर एक बहाना भी मिल गया कि चलो, यह तो 'आंचलिक उपन्यासकार' है। तो चलो, आंचलिक उपन्यासकार। जैसे कि आंचलिक उपन्यासकार को आदमी से तो कुछ लेना-देना नहीं है, समस्याओं से कुछ लेना-देना नहीं है। बस अंचल एक चीज़ है, और आँचल, आंचलिक उपन्यास है। और आंचलिक लेखन की नकल जिन लोगों ने शुरू की, ज्यादा मारा उन्हीं लोगों ने। ये लोग करते थे यह कि कुछ शब्दावली नोट कर लेते थे और उसको फिर एक कहानी में घोंटते थे। तो अगर कहने को कुछ हो नहीं और जबरदस्ती यदि उसके बीच में हम पिरोयें कुछ मोती और कुछ दाने, तो देखने में कैसा लगेगा? और यह रुखड़ापन—अब देखिए कि, हमारे यहाँ एक रेशम चला हुआ है, उसको रॉ. सिल्क कहते हैं, उसकी बनावट बड़ी रूखी और मोटी होती है, लेकिन आज वह माडर्न फैशन है। तो उसको फैशन के रूप में देखने में वह अच्छा भी लगता है, थोड़ा-सा अच्छा होता भी है, साथ-साथ उसका मोटापन, अनगढ़पन जो होता है, वही उसकी खूबसूरती होती है। तो इसको ये लोग नहीं समझ पाये। जो अनगढ़पन, जो टेक्सचर, जो अपनी बुनावट उसकी है—तो कोई यह समझने लगे कि यह आदमी भी ढीला-ढीला है या बुनना नहीं जानता है? आप समझे न?—ऐसा भी हुआ। तो...और दूसरी बात यह हुई—आंचलिक चाहे सफल हों और चाहे असफल, चाहे नकल करने वाले हों, जो भी हों, कम से कम आम जनता की एक बात तो सामने लाते हैं। और इन शहरियों के सामने तो कनाट सर्कस है, चौरंगी है, कुछ होटल हैं। फिर एक आदमी ही क्या कम है—अकेले भी उसकी भी कुछ चिन्ताएँ होती हैं—अकेला इंडीविजुअल जो कहते हैं। तो फिर नये-नये ढंग की अ-कहानी...अब प्लाट नहीं है तो कोई बात नहीं है, कहने को तो कुछ होना चाहिए!

तो ये लोग समझने लगे कि ये तो सीधे आदमी के पास ले जाते हैं। और फिर उनको मुझसे जरा खतरा भी लगा। मैं जानता हूँ। मुझसे इसलिए भी खतरा लोगों को लगने लगा कि ये लोग 'प्रेमचन्द के बाद' की बात करने लगे। प्रेमचन्द तो एक बहुत बड़ी हस्ती थी। उसके बाद ही उसको अगर जोड़ देते हैं, फिर दूसरी हस्ती यही हो जाता है—बीच में तो कोई आते ही नहीं हैं! हालाँकि मैंने जरूर इस बात का विरोध किया—कि 'बाबा, प्रेमचन्द के नाम के साथ मेरा नाम मत जोड़ो! यह मेरा अपकार ही होगा।' और कालान्तर में अपकार हुआ ही। लेकिन इस सबसे होता क्या है? मैं ज्यादा लिखता नहीं। लोगों ने बहुत कहा कि 'यही समय है। जब गरम कड़ाही में घी खूब कड़का हुआ रहे तो उसमें तुम बढ़िया चीज, पूरी-वूरी भी निकाल सकते हो, मालपुआ भी निकाल सकते हो, दो ठो मिर्च भी तो निकाल सकते हो।'...लेकिन अन्दर से जब तक लिखने के लिए मजबूर नहीं हो जाए आदमी, तब तक मैं समझता हूँ कि वह बात नहीं...

लुट्से : अब मेरा आखिरी सवाल, रेणुजी! मैंने जब पत्र लिखकर पूछा था कि कब मिलने आऊँ, तो आपने अपने जवाब में लिखा था कि आपको 'कटाई' के लिए गाँव जाना है।' फिर आपने आज भी बताया है कि आप राजनीति में भी सक्रिय रहे। तो मेरा सवाल यह है कि इस सबमें लेखक का स्थान कहाँ है? यानी आप कहते हैं कि आपको कटाई के लिए वहाँ होना है—तो कटाई में लेखक का क्या काम है? फिर आप राजनीति में रहे, तो यह तो आप जानते ही रहे होंगे कि अगर आपका चुनाव आन्दोलन सफल हो गया होता तो आप आज राजनीतिक होते—जो लेखक के कैरियर का अन्त ही होता। यह मैं नहीं कह रहा हूँ कि वह बुरा ही होता—वह तो इस पर निर्भर है कि आप कैसे राजनीतिक बने होते!—आपने हमारे एक जर्मन उपन्यासकार के बारे में तो सुना ही होगा—गुण्टर ग्रास के बारे में—उन्होंने राजनीति में पड़कर लिखना छोड़-सा दिया है। इस बारे में कुछ कहेंगे?

रेणु : कटाई की बात इसलिए भी कि ये हम लोगों का मौसम जो होता है, यह धान कटाई का, तो इसमें जरा अन्नपूर्णा देवी को घर लाना होता है। इसलिए उस समय घर के बड़े लोगों को मौजूद रहना चाहिए। असल में होता है यह कि खाने-पीने का समय भी यही होता है यहाँ। गरम देश है न—यहाँ जाड़े में जो खाता है, वह पचाता-बचाता है, वही खाना अंग भी लगता है। और हर चीज में स्वाद भी मिलता है ठण्ड की वजह से। दूध भी जल्दी फटता नहीं है। मांस, पनीर, जो कुछ भी आदमी खायेगा वह सब अंग लगता है, और बाकी समय में यहाँ गर्मी के समय में तो क्या खायेगा और क्या पचायेगा! और इस समय धान कटता है, नवान्न होता है—नया चावल, नया चिउड़ा—सबकी पूजा की जाती है, परिवार के लोग खाते-वाते हैं। और फिर जिनका लेना हुआ, देना हुआ, लोग हलवाहे हैं, चरवाहे हैं, सबका हिसाब होता है। मैं ही घर का बड़ा हूँ, तो मैं ही जाता हूँ, तो कुछ उन लोगों का लेना-देना रहा,

साफ करके फिर दूसरे साल जो रहेंगे, उनकी बातचीत करनी होती है—कि फिर साल- भर वे हमारे यहाँ काम करेंगे, क्या लेना होना, क्या देना होगा। और अगर मेरे जमीन-वमीन नहीं भी होती तो भी इस समय हम गाँव में रहना चाहते, क्योंकि यही एक समय है, जबकि सब कोई खुश रहता है, सबके चेहरे पर हँसी रहती है। धान काटने को मिलता है, पेट-भर खाने को मिलता है, जा के मछली मारते हैं, मछली भात खाते हैं और फिर दूसरे दिन धान काटने जाते हैं। फिर जब फसल एक जगह जमा हो जाती है—आपने मैला आँचल में पढ़ा होगा—तब जो नाच होते हैं, तमाशे होते हैं, रात-भर जागते हैं, फिर जो दँवरी होती है, पैकिंग होती है—तो आन्नद होता है। वही एक मौसम होता है, जिसमें हम सबको जरा फुर्सत है। बाकी तो बराबर रिरियाना रहता है—यहाँ कर्ज माँगना, वहाँ यह करना, वहाँ वह करना, तो वो देख लेते हैं।

यदि मैं सफल हो गया होता चुनाव में, तो शायद मुझे पागल ही करार दिया जाता! क्योंकि तब हर दिन कुछ न कुछ इनके यहाँ करना होता। क्योंकि **सीरियसली** काम करना है तो मुझे अपने इलाके की बात करनी पड़ती, तब वे लोग कहते कि 'अच्छा, इसका जवाब अगले सप्ताह दिया जायेगा,' तब मैं कहता कि 'तब मैं जाता हूँ यहाँ सत्याग्रह करने के लिए। तब तक आप जवाब भेजिए।' अब देखिए न, वहाँ सड़क टूटी हुई है पिछली बरसात से और अभी तक नहीं बनी है, तो फिर ऐसे में यहाँ आके क्या करूँगा? मैं वहाँ जाकर वहाँ के लोगों को लेकर के वह सड़क बन्द कर दूँगा। उसे कोई नहीं पार कर सकेगा। पर यह तो फिर कानून तोड़ना हुआ न। फिर कानून तोड़ने के बाद जो होता है वही होता। तो मैं सफल हो जाता तो कम-से-कम अपने इलाके के लोगों के लिए तो जरूर कुछ करता। कुछ समय तो उसके लिए निकालता ही। और उसमें मुझे भी फायदा होता। उससे मेरे लेखन को भी फायदा होता। और देखिए, हिन्दी के लेखकों को—दूसरी किसी भाषा के बारे में मैं नहीं जानता—मेरा सुझाव यही है कि इन लोगों को—किसी दल को नहीं, सारे हिन्दी के लेखकों को—इसके लिए कुछ अलग कानूनी व्यवस्था करके—पकड़-पकड़ करके सबको कांस्ट्रेशन कैम्प में तो नहीं, सबको गाँवों में भेजना चाहिए, एकदम! गाँवों में किसानों के साथ काम करें—और किसी को उससे ज्यादा कुछ करना हो तो उसको खान में जरा भेजें—अन्दर नीचे खान में जायें सब! ये हिन्दी के लेखक, जो सब अपने को जनता समझे बैठे हैं। जो सोचते हैं कि वे सब-कुछ जान गये हैं, लिखने को जान गये हैं, राष्ट्र-भाषा उनकी हो गयी है। सबसे पहली बात तो यही है कि ये अपने को राष्ट्र-भाषा के लेखक कहते हैं, समझते हैं कि ये और सब लेखकों से ऊपर है। और असल में इनकी गरीबी का, बौद्धिक गरीबी का हिसाब नहीं है। ये और कुछ जानते ही नहीं। धान का पेड़ होता है या पौधा होता है यही ये नहीं जानते। मगर ये समस्याएँ उठाएँगे किसानों की! समस्या उठाएँगे मजदूरों की, जिनसे इनका दूर का भी रिश्ता नहीं। लेकिन यह सब चलता है।...

'साहित्यिक कथाएँ फिल्मी चौखटे में'

एक अर्थ में 'तीसरी कसम' एक युद्धभूमि थी बम्बइया फिल्मों के खिलाफ़ और यह मानना पड़ेगा कि यह एक जीता हुआ युद्ध है।... देखिए, निर्मल वर्मा ने अपनी टिप्पणी में कहा है न, कि निर्देशक को कथा में मन लायक तत्त्व नहीं मिलता, तो वह खुद कथा गढ़ता है। बहुत सम्भव है, इशारा को न गुलशन नन्दा में कोई तत्त्व मिलता और न फणीश्वरनाथ रेणु में!...मुझे लगता है कमलेश्वर ने आवश्यकता से अधिक कटु बात कह दी है।...

साहित्यिक कथाओं के फिल्माने के सन्दर्भ में और 'तीसरी कसम' के बारे में बहुत कुछ बता रहे हैं युवा पत्रकार जुगनू शारदेय को रेणुजी!

धर्मयुग द्वारा आयोजित संवाद—'साहित्यिक कथाएँ फिल्मी चौखटे में' पढ़ने के बाद तुरन्त मन में खयाल आया कि इस संवाद के ऊपर श्री फणीश्वरनाथ रेणु की प्रतिक्रिया जानना दिलचस्प होगा। संवाद से, सतीश वर्मा की टिप्पणी और आवरण परिचय से उभरकर एक बात सामने आयी कि नयी, नंगी, कला, समान्तर (या जो भी नाम दे दें) फिल्मों का सूत्रपात 'तीसरी कसम' से हुआ। पाठकों के लिए यह सूचना भी सुखद हो सकती है कि अच्छी फिल्मों के चर्चित नामों के साथ कहीं-न-कहीं रेणुजी या 'तीसरी कसम' का नाम भी जुड़ा है।

सो नवम्बर की सर्दी और पानी में जब राजेन्द्र नगर पहुँचा, तो उन्हें थोड़ा-सा आश्चर्य हुआ। चाय की चुस्की के साथ मैंने सीधा सवाल किया, "धर्मयुग द्वारा आयोजित कथाकारों—निर्देशकों के संवाद-टिप्पणी के ऊपर आपकी क्या प्रतिक्रिया है?"

रेणु : "मुझे तो ऐसा लगता है कि सभी मित्रों के अनुभव अपने-अपने हैं। सभी

का अनुभव, अपना अनुभव है। किसी की नीयत पर भी मुझे सन्देह नहीं लगता, बड़ी साफगोई से मित्रों ने बात की है। लेकिन मुझको लगा कि कुछ लोग छूट गये हैं। कुछ और लोग होते तो अच्छा होता जैसे इशारा। जहाँ तक अनुभव की बात है, इशारा भारतीय फिल्मों के चलते-फिरते अनुभव पुंज हैं।"

"...लेकिन यह संवाद तो कथाकरों—निर्देशकों के बीच का है और इशारा अपनी फिल्मों के कथाकार भी स्वयं हैं।"

रेणु : "देखिए निर्मल वर्मा ने अपनी टिप्पणी में कहा है न कि निर्देशक को कथा में मन लायक तत्त्व नहीं मिलता, तो वह खुद कथा गढ़ता है। बहुत सम्भव है, इशारा को न गुलशन नंदा में कोई तत्त्व मिलता हो और न फणीश्वरनाथ रेणु में। एक साहित्यिक चीज लेकर मनमानी करने से ज्यादा बढ़िया है कि निर्देशक स्वयं ही कहानी का भी सृजन कर ले। बासु (भट्टाचार्य) ने भी किया है। एक बात और भी कह ही दूँ...ऐसा भी हो रहा है कि अभी साहित्यिक कथाओं पर फिल्म बनाने का क्रेज चल पड़ा है—तो कुछ लोग उन कथाओं की मूल संवेदना में न जाकर सिर्फ नाम भर ले लेते हैं। एक नाम कथा का, एक नाम कथाकार का ही फिल्म में होता है। परिणाम होता है कि नाम कथा या कथाकार का होता है और बाकी सारा निर्माता-निर्देशक का।"

"यों शैलेन्द्र अगर जीवित रहते, तो उनके अनुभव भी इस बहस में बहुत काम के होते। शैलेन्द्र ने एक साहित्यिक कृति पर बिग स्टार वाली फिल्म बनाकर भी कृति को मरने नहीं दिया, बल्कि फिल्म तकनीक और भाषा के माध्यम से कहानी की रक्षा करते हुए उन बातों को और भी उभारा, जो प्रस्तुति की दृष्टि से अनिवार्य थे। जैसे सारी फिल्म बन चुकी थी। कई एक ट्रायल शो हो चुके थे और फिल्म के व्यावसायिक पक्षधरों ने सर्व-सम्मति से चाहा कि नायक-नायिका को मिला दिया जाए। और उन लोगों में राजकपूर साहब भी थे जो फिल्म के नायक ही नहीं, शैलेन्द्र के अच्छे मित्रों में थे। निर्माता की हैसियत से शैलेन्द्र के अंग के गिरह-गिरह बँधे हुए थे। एक ओर थी कथा की आत्मा, दूसरी ओर बॉक्स ऑफिस की खिड़की तोड़ भीड़। मुझे विशेष रूप से बुलवाया गया और शैलेन्द्र ने कहा, रेणुजी, मैं अभी तक डटा हूँ, अब यह आपके ऊपर है कि हीरामन और हीराबाई को मिला दें...मैंने पूछा था, आप क्या चाहते हैं? तब उन्होंने कहा था, मैं तो चाहता हूँ कि न मिलें।—और यही राय बासु की भी थी।"

"एक अर्थ में 'तीसरी कसम' एक युद्धभूमि थी बम्बइया फिल्मों के खिलाफ और यह मानना पड़ेगा कि वह एक जीता हुआ युद्ध है।"

"मैं चाहता हूँ कि धर्मयुग ने जो बहस चलायी है, इस प्रकार की बहस चले—खूब चले। इस प्रकार की बहस हिन्दी और प्रकारान्तर में भारतीय फिल्मों के परिष्कार के लिए अनिवार्य है।"

“लेखक और निर्देशक का सम्बन्ध सिर्फ अनुबन्ध तक ही नहीं, बल्कि ‘दि एण्ड’ तक होना चाहिए। मेरे साथ तो...जैसा कि आपको बता चुका हूँ कि मेरी मर्जी के खिलाफ एक पत्ता भी नहीं हिलने दिया गया। लेकिन है यह कठिन, बहुत ही कठिन। हम लोग भी झगड़े थे। इसी घर में स्क्रिप्ट भी फाड़े जाने की बात हुई थी, पर सारा कुछ संभल गया। यह एक-दूसरे को समझने की समस्या है। अगर कथाकार यह मानकर चले कि यह आदमी (निर्माता-निर्देशक) हमेशा मेरी कथा को मारकर पैसा कमाने के चक्कर में है, तो बात नहीं बन सकती। और यह अपने आप में एक सवाल बन जाता है कि आपसी समझ कैसे पैदा हो? समझ का मूल आधार निर्माता, निर्देशक और लेखक के बीच सोच और संवेदना की बुनियादी पृष्ठभूमि में एकरूपता के साथ-साथ बौद्धिक स्तर पर एक ठहराव का होना भी जरूरी है। इसका उल्लेख कुमार शाहनी ने अपनी टिप्पणी में किया भी है।”

“मुझे तो लगता है कि कमलेश्वर ने आवश्यकता से अधिक कटु बात कह दी है। वैसे शिवेन्द्र और कमलेश्वर पुराने मित्र हैं। कमलेश्वर की टिप्पणी से मुझे लगा कि उन्हें दुःख सुमी के स्वप्न-सोच और उसका पोस्टर पर इस्तेमाल करने का है। मैं समझता हूँ कि कमलेश्वर को यहाँ पर निर्माता-निर्देशक की सीमाओं, सम्भावनाओं और विवशता के सन्दर्भ में थोड़ा उदार होना चाहिए।”

धर्मयुग/21 जनवरी, 1973

क्यों? और क्यों नहीं?

बचपन से ही पत्र-पत्रिकाएँ पढ़ता था। तुकबन्दियाँ और कहानियाँ बचपन से ही जोड़ने-गढ़ने लगा था। प्रेरणा निश्चय ही अच्छी रचनाओं से मिली होगी।...कुछ सोचकर लेखन-कार्य प्रारम्भ किया होता तो आज आपके इस प्रश्न का उत्तर देते समय इस तरह सोच में नहीं पड़ता। सचमुच, मैंने बिना कुछ सोचे-समझे लिखना शुरू किया। अच्छा किया या बुरा, कह नहीं सकता। अब भोग रहा हूँ—फल!

किसिम-किसिम के पाठकों के पत्र और सभी को एक साथ उत्तर दे रहे हैं रेणुजी!

- **पवन तिनसुकिया** (असम) : आपका जन्म कब और कहाँ हुआ? आपने जो कुछ लिखा, वह 'स्वान्तः सुखाय' लिखा या 'सर्वजनहिताय'?

  जन्म : शुक्रवार, 4 मार्च 1921 ई., बिहार के पूर्णिया जिलान्तर्गत—'औराही-हिंगना' गाँव में।

  'स्वान्तः सुखाय' लिखा और 'सर्वजनहिताय' प्रकाशित करवाया।
- **अनुप कुमार केशरी,** (वाराणसी) : आपने साहित्य-क्षेत्र में पदार्पण कैसे किया? आपकी सफलता का रहस्य क्या है?

  अपनी रचना लेकर—सीधे दरवाजे से। मेरी सफलता का रहस्य मेरी रचना ही बता सकती है। आपने मेरी कोई रचना पढ़ी है?
- **ब्रजकिशोर हिसारिया 'राज', सीतामढ़ी** (बिहार) : आपने आज तक कितने उपन्यास लिखे हैं? उनमें आप सर्वश्रेष्ठ किसे मानते हैं?

  1. मैला आँचल, 2. परती-परिकथा, 3. दीर्घतपा, 4. जुलूस, 5. कितने चौराहे।

  किसी को नहीं।

- **आपने सर्वप्रथम** लेखन-कार्य कब प्रारम्भ किया? पहली कृति का नाम?

  स्कूल-कालेज-मैगजिन में 1936 से। साप्ताहिक 'विश्वमित्र' (कलकत्ता) में 'बटबाबा' नामक पहली कहानी (1945) प्रकाशित हुई।

- **विनोद जैन,** 'श्रीगंगानगर' : आपको सर्वप्रथम लिखने की प्रेरणा कैसे मिली? क्या इसके पीछे किसी का सक्रिय सहयोग भी रहा है? यदि हाँ तो किसका?

  बचपन से ही पत्र-पत्रिकाएँ पढ़ता था। तुकबन्दियाँ और कहानियाँ बचपन से ही जोड़ने-गढ़ने लगा था। प्रेरणा निश्चय ही अच्छी रचनाओं से मिली होगी। नहीं भाई, सक्रिय सहयोग किसी का नहीं रहा।

- **राजेन्द्र कुमार राज,** झाझा (बिहार) : आपने क्या सोचकर लेखन-कार्य प्रारम्भ किया?

  कुछ सोचकर लेखन-कार्य प्रारम्भ किया होता तो आज आपके द्वारा इस प्रश्न का उत्तर देते समय इस तरह सोच में नहीं पड़ता। सचमुच, मैंने बिना कुछ सोचे-समझे लिखना शुरू किया। अच्छा किया या बुरा, कह नहीं सकता। अब भोग रहा हूँ—फल!

- **विलास,** मण्डी : आपका साहित्यिक जीवन पारिवारिक जीवन पर हावी है या पारिवारिक जीवन साहित्यिक जीवन पर?

  पारिवारिक जीवन—मेरे साहित्यिक जीवन पर हावी हो या न हो—मेरे रचनाकार को 'कच्चा माल' अवश्य देता है।

- **नरेन्द्र कुमार शुक्ल,** (कानपुर) : आप साहित्य-सृजन समाज-सेवा के उद्देश्य से करते हैं या आन्तरिक प्रेरणा है?

  निःसन्देह आन्तरिक प्रेरणा से।

- **अपूर्व कुमार चतुर्वेदी,** (फिरोजाबाद) : आपने लेखन-कार्य को ही क्यों उपयुक्त समझा?

  अपनी आजादी के लिए।

- **वली मोहम्मद कुरैशी,** फलोदी (जोधपुर) : आपके साहित्य-सृजन के पीछे क्या कोई सामाजिक उद्देश्य भी रहा है?

  सामाजिक उद्देश्य? मेरी रचनाएँ पढ़कर आपको मेरी नीयत पर कुछ सन्देह हो गया है क्या भाई?

- **श्यामसुन्दर प्रसाद,** फारबिसगंज (बिहार) : विधान सभा के गत चुनाव में आप फारबिसगंज-क्षेत्र से निर्दलीय उम्मीदवार के रूप में खड़े हुए थे। चुनाव में हारने के बाद आपकी क्या प्रतिक्रिया हुई? क्या आप आगामी चुनाव में पुनः खड़े होंगे?

  हुआ था। प्रतिक्रिया के लिए 'कागज की नाव' रिपोर्ताज की प्रतीक्षा कीजिए कृपया। और, राजनीति में आगामी इरादा नहीं बताया जाता, श्यामसुन्दर जी!

- **तारकेश्वर प्रसाद 'तारक'**, (वैशाली) : मैं एक साहित्यिक व्यक्ति हूँ। साहित्यकार को राजनीति में भाग लेना चाहिए या नहीं? मैं तो साहित्य और राजनीति के दो पाटों के बीच पिस रहा हूँ। आपने किस उद्देश्य से चुनाव लड़ा था? अगर आप विजयी होते तो साहित्य से किस हद तक सम्बन्ध रखते? क्या पाठकों को फिर से 'मैला आँचल'-जैसा उपन्यास और 'तीसरी कसम'-जैसी कहानी पढ़ने को मिलती या नहीं? या आप राजनीतिक दाव-पेंच में पड़ जाते?

  मैं भी हूँ, अतः सबसे पहले मेरा नमस्कार स्वीकार कीजिए। दो पाटों के बीच तो सारी दुनिया फँसी है, भाई साहब! अगर आप सचमुच साहित्यिक व्यक्ति हैं तो आपका साहित्य ही आपको द्विधा-मुक्त कर सकता है।

  अगर मैं विजयी होता तो साहित्य से किस हद तक सम्बन्ध रख पाता, मेरे पाठकों को फिर से 'मैला आँचल'-जैसी उपन्यास और 'तीसरी कसम'—जैसी कहानी मिल सकती या नहीं अथवा मैं राजनीतिक दाँव-पेंच में पड़ जाता—इन्हीं प्रश्नों के उत्तर जानने के उद्देश्य से चुनाव लड़ा था। हार गया, अतः प्रश्नों के जवाब नहीं जान सका। आपको बताऊँ तो क्या?

- **जयन्तीलाल प्रसाद राठौर**, (मनोहरपुर) : आपके चुनाव-संस्मरण (कागज की नाव) के 'लिखतंग' का काम समाप्त हुआ? अगर हाँ, तो प्रकाशन-संस्था का नाम बताएँ।

  जी हाँ। 'कागज की नाव' का 'लिखतंग' समाप्त हो गया है। 'छपतंग' बाकी है।

- **अनूप कुमार**, छोटा टेंगरा : आधुनिक लेखक अपने नाम के साथ एक 'उपनाम' का 'लेबल' लगाते हैं। उपनाम लगाने की प्रेरणा आपको क्यों और कैसे मिली?

  आधुनिक लेखक उपनाम का 'लेबल' नहीं लगाते। वे अपने नाम को ही आधुनिक बना डालते हैं। मेरा उपनाम सौभाग्य या दुर्भाग्यवश मेरा 'घराऊ' नाम भी है। जन्मते ही घर में ऋण हुआ, इसलिए दादी प्यार से 'रिनुवा' कहने लगीं। रिनुवा से 'रूनु' और अन्ततः 'रेणु'। जब तुकबन्दी करने लगा तो छन्द के अन्त में अनायास ही—'कवि रेणु कहे कब रैन कटे, तमतोम घटे...' जुड़ गया। और उपनाम की प्रेरणा लेखकों को शायद सहस्र-नामधारी विष्णु महाराज से ही मिली होगी।

- **करनजीतसिंह सरन**, (जुन्नारदेव) : आपकी अपनी दृष्टि में वर्तमान साहित्य किस हद तक रचनात्मक है और किस हद तक कोरी बकवास?

  वर्तमान साहित्य हो या भूत-भविष्य साहित्य, बकवास को साहित्य की संज्ञा न दी गयी है और न दी जाएगी।

- **दीनेन्दु भारती**, (मुजफ्फरपुर) : अपने नाम के साथ 'रेणु' कब से लिखना प्रारम्भ किया और किससे प्रेरणा पाकर? फिर आपने अपने बेटे का नाम 'वेणु' क्यों रखा?

'रेणु' नाम की कहानी अभी-अभी छोटा टेंगरा के अनूप कुमार जी को सुना चुका हूँ। बेटे का नाम 'वेणु' भी घराऊ है, जो उसकी दादी ने अपने पुत्र के नाम के तुक पर रख दिया। उसका (अच्छा) नाम पद्मपराग है। इस नाम का कारण हमारे परिवार के ज्योतिषी-पण्डित ही बता सकते हैं। मैं आपको यह बता सकता हूँ कि उसकी माँ का नाम 'पद्मा' है।

- बिहार सरकार ने साहित्यकारों को जो 'पेंशन' दी है, क्या वह अनुचित नहीं है? 'पेंशन' तो प्रायः रिटायर होने के बाद दी जाती है? आप तो अभी सृजनरत हैं, फिर इसे क्यों स्वीकारा?

हाँ, भाई जान। साहित्यकार कभी 'रिटायर' नहीं होता। रवीन्द्रनाथ ठाकुर महाप्रस्थान के कुछ क्षण पूर्व तक, बेहोशी में भी कविता कर गये हैं।

बिहार सरकार ने साहित्यकारों को 'पेंशन' नहीं प्रदान की है। मैं इतना कुण्ठित नहीं हो गया हूँ कि सरकारी पैसा मुझे सृजन-विमुख कर दे। मैंने इसको ठीक उसी तरह स्वीकार किया है, जिस तरह सरकार द्वारा लगाये गये 'प्युनिटिव टैक्स' (सामूहिक जुर्माने) की सजा को सिर झुकाकर स्वीकार किया था। किसी अनाचारी सरकार के विरोध में अथवा सरकार के किसी जन-विरोधी कदम के खिलाफ जोर से आवाज बुलन्द करने के लिए अस्त्र के रूप में भी इसका इस्तेमाल (इसे फेंककर) किया जा सकता है, अर्थात् धमाका जरा जोर से होगा।

- **साहु मधुप**, अशोक नगर (म. प्र.) : आंचलिक उपन्यास फैशन के रूप में लिखे गये, जिन्हें पाठक-मन ने जितनी उत्सुकता से स्वीकारा उतनी ही बोरियत से अस्वीकार कर दिया। इस विचार से आप कहाँ तक सहमत हैं? आंचलिक-उपन्यास किस प्रेरणा से लिखे गये और किन कारणों से पाठक-मन को ज्यादा समय तक न छू सके?

फैशन के रूप में नहीं लिखे गये। जीवन के शाश्वत प्रवाह से पूर्ण किसी भी शैली की रचना कभी अस्वीकृत या अपदस्थ नहीं हो सकती। मैं इससे सहमत नहीं हूँ कि आंचलिक रचनाएँ पाठक-मन को ज्यादा समय तक न छू सकीं। दूसरों की बात नहीं कह सकता। 'मैला आँचल' उपन्यास से लेकर कुछ दिन पहले प्रकाशित कहानी 'रेखाएँ—वृतचक्र' तक पाठक-मन की मेरी पहचान गलत साबित नहीं हुई है। मैंने आंचलिक रचनाएँ इस विचार से प्रेरित होकर कीं कि सिर्फ कला के जरिये लोग दूर देशान्तर के लोगों से मित्रता तथा आदर के भाव से मिल सकते हैं।

- एक प्रकार के हिन्दी उपन्यास पुस्तकालय की आलमारियों को समर्पित हो जाते हैं तो दूसरी प्रकार के उपन्यास इतने हाथों से गुजरते हैं कि हाथों ही हाथों में कायामुक्त हो जाते हैं, फिर ज्ञानपीठ या नोबल पुरस्कार पाने की क्षमता नहीं रख पाते। उपन्यास की तरह कहानी-संग्रहों की माँग क्यों नहीं है?

यदि आपका प्रश्न 'पॉपुलर' और 'क्लासिक' रचनाओं के सन्दर्भ में है तो कारण सही-सही कोई समाज-वैज्ञानिक ही बता सकता है। उसी तरह कहानी-संग्रह की माँग में गिरावट का कारण कोई प्रबुद्ध प्रकाशक ही बताएँगे। कथाकार के मुँह से आप अक्सर यही सुनेंगे कि प्रतिष्ठित पत्र-पत्रिकाओं के सम्पादक टेलीग्राम भेजकर उससे कहानी माँग रहे हैं, कि उसकी कहानी पर नाटक या फिल्म बनाने की बात चल रही है, कि उसकी अमुक कहानी पाँच विदेशी और दस देशी भाषाओं में अनूदित हुई है और भारत के कई विश्वविद्यालयों के पाठ्यक्रम में भी...

आप बोर हो गये न?

- **मीना भारती**, (मुजफ्फरपुर) : स्वातन्त्र्योत्तर हिन्दी साहित्य के सुप्रसिद्ध आंचलिक कथाकार एवं उपन्यासकार के नाते आप अपनी रचनाओं के माध्यम से देश, समाज और परिवेश को क्या सन्देश देना चाहते हैं? क्या आज की कहानी पाठकों से कतराकर अपना अस्तित्व पूर्ण सुरक्षित रख सकती है?

मीना जी! एक संवेदनशील, मानवधर्मी रचनाकार के नाते मैं अपनी रचनाओं के माध्यम से जो सन्देश देता रहा हूँ वह 'कम्यूनिकेट' नहीं हो पा रहा है क्या?

(सुनो कैरा सुनो! क्या तुम तक मेरी आवाज...?)

मेरी कौन-सी कहानी पाठकों से कतराती हुई नजर आती है आपको?

- **रश्मि रेखा नन्दा**, (मुजफ्फरपुर) : बंगला के 'सतीनाथ भादुड़ी' लिखित 'ढोढ़ाई चरित-मानस' और आपके उपन्यास 'मैला आँचल' में कौन किससे प्रभावित है?

रश्मि जी, रेखा जी तथा नन्दा जी!!! आप लोगों ने बहुत चतुराई से मुझे चोर नहीं कहा है। यों, डेढ़ दशक पहले मुजफ्फरपुर की ही एक साहित्यिक अदालत के पंचों ने मुझ पर यह इल्जाम लगाया था। तब भादुड़ी जी (स्व. सतीनाथ भादुड़ी) जीवित थे। उन्होंने राजकमल प्रकाशन के तत्कालीन डायरेक्टर ओमप्रकाश जी को पत्र लिखकर इस मिथ्यावाद का खण्डन किया था। उनका पत्र प्रकाशन समाचार में प्रकाशित भी हुआ था। हिन्दी के कई विद्वानों ने 'ढोढ़ाई चरित मानस' को इसी आरोप के सन्दर्भ में विशेष रूप से पढ़कर उस मिथ्या प्रचार को निरस्त किया था।

आप लोगों को यह जानकर प्रसन्नता होगी कि बहुत शीघ्र 'ढोढ़ाई चरित-मानस' का हिन्दी अनुवाद प्रकाशित होने वाला है। हिन्दी के समस्त साधारण पाठकों को स्वयं पढ़कर आँख और कान की दूरी मिटा लेने तो दीजिए।

कादम्बिनी, (सं.–राजेन्द्र अवस्थी) सितम्बर 1973 में प्रकाशित

'मुझे इस बार छात्रों का स्वरूप बदला हुआ लगा'

कमलेश्वरजी का तार आया है : जनसंघर्ष में सक्रियता के लिए बधाई! हम सब आपके साथ हैं।

रघुवीर सहाय ने भी पत्र लिखकर मेरा उत्साह बढ़ाया है। पटना में नागार्जुनजी के साथ मिलकर काम करने में मुझे कितना उत्साह मिल रहा है, इस विषय में कुछ कहना ही बेकार है। देश के सभी भागों से पाठकों के उत्साहवर्द्धक पत्र आ रहे हैं!

छात्र-आन्दोलन के बारे में विस्तार से अपने पत्रकार मित्र सूर्यनारायण चौधरी के प्रश्नों के उत्तर दे रहे हैं रेणुजी!

बिहार के छात्र-आन्दोलन के दूसरे चरण में दो महत्त्वपूर्ण बातें हुई हैं—सर्वोदय नेता जयप्रकाश नारायण द्वारा इस आन्दोलन का नेतृत्व ग्रहण और आम जनता के सक्रिय रूप से आन्दोलन में शामिल हो जाने के कारण इसका जन-आन्दोलन में रूपान्तरण, 8 अप्रैल वाले ऐतिहासिक मौन जुलूस के साथ प्रारम्भ होने वाले इस दौर में ही इसमें सम्मिलत हुए प्रसिद्ध साहित्यकार फणीश्वरनाथ 'रेणु'। छात्रों की माँगों के समर्थन मे बारह घण्टे के प्रतीकात्मक अनशन पर बैठे रेणु, नागार्जुन कथाकार मधुकर सिंह, कवि रवीन्द्र राजहंस और पत्रकार जुगनू शारदेय। कला महाविद्यालय के छात्रों ने शासकीय जुल्म पर अनेक चित्र बनाये। नुक्कड़ों पर आयोजित होने लगे कवि सम्मेलन और चित्र प्रदर्शनी। काफिला बढ़ता गया। राबिन शॉ 'पुष्प', बाबूलाल मधुकर, परेश सिन्हा, सत्यनारायण, रामवचन राय, वासुदेव शाह, सतीश आनन्द, वसन्त कुमार आदि पटना के साहित्यकार—कलाकार आम जनता से मिलने और जुड़ने के लिए सड़कों पर आ गये।

लगातार बारह दिनों तक पटना के विभिन्न नुक्कड़ों पर यह आयोजन करने के बाद रेणु और नागार्जुन कला चित्रों के बण्डल के साथ बिहार के दूसरे शहरों मे जन जागृति के लिए घूम रहे हैं।

मैं रेणुजी से उनके इस जन-आन्दोलन सम्बन्धी विचारों को जानने के उनके राजेन्द्र नगर स्थित निवास स्थान पर पहुँचता हूँ। हम लोगों की बातचीत शुरू हो जाती है।

"आप बहुत दिनों तक सोशलिस्ट पार्टी के साथ रहे। सन् 42 की क्रान्ति और नेपाल की क्रान्ति में भी आपने सक्रिय रूप से भाग लिया था। फिर राजनीति से अलग होकर साहित्य की दुनिया में चले गये। इस बार जब 18 मार्च को छात्रों का यह आन्दोलन अत्यन्त उग्र रूप में आरम्भ हुआ, तो इस पर आपकी पहली प्रतिक्रिया क्या हुई?" मैंने रेणुजी से पूछा।

"मैंने राजनीति नहीं छोड़ी। दलगत राजनीति और सक्रिय राजनीति से अवश्य अलग हो गया! अपने राजनीतिक दिनों के अनुभव को ही मैंने अपने उपन्यासों और कहानियों में सहेजा, समेटा। फिर जब मेरा अनुभव संसार रिक्त पड़ने लगा, तो मन में बेचैनी बढ़ने लगी। इधर देश, सरकार और समाज की हालत बिगड़ती ही चली जा रही थी। जनतन्त्र क्या रह गया है? वर्तमान चुनाव पद्धति से कौन जीत पाता है? क्या इस चुनाव का विकल्प अब बुलेट मात्र ही रह गया है? अनेक प्रश्न मन को मथते रहते थे। पर मैं किसी निष्कर्ष पर नहीं पहुँच पा रहा था। अन्ततः मैं एक बार फिर राजनीति की ओर मुड़ा और '72 के मध्यावधि चुनाव में बिहार विधान सभा के लिए एक निर्दलीय प्रत्याशी बनकर चुनाव के मैदान में उतरा। जीता तो नहीं, पर काफी अनुभव लेकर लौटा।" रेणु कुछ रुके और फिर मेरे प्रश्न की ओर बढ़ते हुए कहने लगे। "सिंगापुर के छात्रों ने जब अपने उग्र आन्दोलन के जरिये सरकार को झुका दिया, तो फिर एक बार मेरा ध्यान छात्र शक्ति की ओर गया। गुजरात में युवा-शक्ति को सफलता मिली। जयप्रकाश का उन्हें नैतिक समर्थन प्राप्त हुआ था। पर बिहार के छात्र जातीयता, क्षेत्रीयता आदि के खेमों में बँटे हुए थे। विश्वास ही नहीं हो पा रहा था कि यहाँ भी कुछ हो सकता है।"

"19 मार्च तक इस आन्दोलन की लहर सुदूर पूर्णिया जिला के फारबिसगंज तक पहुँच चुकी थी। मैं स्टेशन पर ही था। छात्रों की एक टोली आयी। मैं उसी जगह पर खड़ा होकर यह सब देख रहा था, जहाँ आज से कोई 32 वर्ष पहले सन् '42 में क्रान्ति में भाग लेने आया था। पर एक बड़ा फर्क आ गया था। अधिकांश छात्र परिचित थे। उनके पार्टी बिल्लों की भी जानकारी मुझे थी। पर इस बार उनका स्वरूप बदला हुआ था और उनके नारों में एक अजीब पकड़ थी। मुझे लगने लगा कि '42 की क्रान्ति से भी बड़ी एक क्रान्ति का सूत्रपात हो चुका है।"

"पटना आकर आपने क्या अनुभव किया?" मैंने बातचीत को और आगे बढ़ाने के उद्देश्य से पूछा।

"रेडियो से काट-छाँटकर जिस प्रकार की खबरें आ रही थीं, उसके आधार पर ही मेरे लिए यह अनुमान कर पाना बहुत मुश्किल नहीं था कि उस समय पटना के लोगों

पर क्या बीत रही होगी। यहाँ आने पर मैंने सारे शहर को 'इन-डोर' में पाया। कर्फ्यू लगा हुआ था। लोग अन्दर-ही-अन्दर उबल रहे थे। इसी बीच प्रधानमन्त्री इन्दिरा गाँधी ने जयप्रकाश जी को छेड़ा, उन पर आरोप लगाया। जिस निर्भीकता और स्पष्टता से जयप्रकाश ने उसका उत्तर दिया, उससे मेरी इस धारणा की पुष्टि हो गयी कि इस बार वे इस आन्दोलन को अन्तिम परिणति तक ले जाने के लिए कृतसंकल्प हैं। दलविहीन जनतन्त्र की बात अभी भी मेरी समझ में नहीं आयी है। पर अधिकांश जनता पार्टियों की घेरेबन्दी से अलग हैं और इनको लेकर एक शक्तिशाली आन्दोलन चलाया जा सकता है, मुझे यह विश्वास हो गया। इससे देश बनेगा या नहीं, समाज सुधरेगा या नहीं, यह मैं निश्चित रूप से नहीं जानता। पर मैं अपनी कुण्ठाओं और निराशाओं से मुक्त होता चला जाऊँगा, अपने मन के मैल को मल-मलकर धो-पोंछ लूँगा और एक आदमी बना रह सकूँगा—ऐसा मेरा विश्वास है?"

मैंने जयप्रकाश जी के नेतृत्व वाले मौन जुलूस की बात चलायी।

रेणु पूरे विश्वास के साथ कहने लगे, "बहुत से लोग, जिनमें जे. पी. के प्रशंसक भी थे, कहते थे कि मुँह पर पट्टी और हाथ पीछे की ओर मोड़कर निकालने वाले मौन जुलूस से क्या हो पाएगा? पर जब यह मौन जुलूस निकला और शहर के सारे लोग उनके समर्थन में सड़कों के किनारे आकर मौन खड़े हो गये, तो ऐसा लगा कि गली-गली, मुहल्ले-मुहल्ले से भय को झाड़-पोंछकर भगा दिया गया। मुकाबले की हजारों बन्दूकें भी इस वातावरण को नहीं तोड़ सकती थीं। जुलूसों, अनशनों, और प्रदर्शनों का ताँता लग गया। छोटे-छोटे बच्चों, छात्राओं और गृहिणी महिलाओं का जब जुलूस निकलता था, तो उनके आगे-पीछे, दायें-बायें होते थे मशीनगन ताने सीमा सुरक्षा बल के जवान। पर कहीं कोई भय नहीं। सारे वातावरण में एक निर्भीकता आ गयी।"

"स्वतन्त्र भारत में अहिंसा का इतना बड़ा प्रयोग कभी हुआ ही नहीं था। लोहिया ने सिविल नाफरमानी को अपना अस्त्र अवश्य बनाया, पर वह एक पार्टी की चीज बनकर रह गयी। आम जनता ने कभी इसका प्रयोग नहीं किया।"

मैं इस आन्दोलन पर साम्यवादी दल द्वारा लगाये गये आक्षेप के विषय में उनसे पूछता हूँ। उनका स्पष्ट उत्तर होता है, "हाँ, सी. पी. आई. वाले इसे फासिस्टों का आन्दोलन कहते हैं और जनतन्त्र की रक्षा के लिए काँग्रेस सरकार का साथ देना अपना परम कर्तव्य मानते हैं। पर यह कोई नयी बात नहीं है। '42 की क्रान्ति में भी इन साम्यवादियों ने हमारे क्रान्तिकारी नेताओं को फासिस्टों का दलाल कहकर पुकारा था और ब्रिटिश सरकार का साथ दिया था। अभी इस समय वाद-विवाद में उलझने के लिए हम लोगों के पास समय नहीं है। क्रान्ति का हर दाव महत्त्वपूर्ण होता है। सफलता ही हमारे तर्क की सबसे बड़ी कसौटी होगी।"

"क्या आप इस आन्दोलन को युवा वर्ग के नैतिक जागरण का भी आन्दोलन कहना पसन्द करेंगे?" मैंने युवकों के बदलते व्यवहार को ध्यान में रखकर उनसे यह

प्रश्न पूछा।

"निश्चय ही। देखते नहीं कि ये छात्र कितने बदल गये हैं। न सिर्फ विध्वंस के बल्कि इनमें निर्माण कार्य करने की भी अपार क्षमता है। आजकल कई जगह छात्र संघर्ष समिति की ओर से चाय और सब्जी की दुकान खोली गयी हैं। कई जगह स्वास्थ्य शिविरों का संचालन हो रहा है। और सबसे उल्लेखनीय है, छात्राओं के प्रति उनका बदला-बदला व्यवहार। निर्भय, निशंक होकर लड़कियाँ उनके साथ अनशन पर बैठ रही हैं, जुलूसों में जा रही हैं। गया में जब धरना पर बैठी महिलाओं को घसीटा गया, तो किस प्रकार उनके रक्षार्थ आकर छात्रों ने पुलिस की गोली का सामना किया, यह घटना नैतिक जागरण की प्रतीक है।"

"आपकी सक्रियता पर आपके अन्य साहित्यिक बन्धुओं की क्या प्रतिक्रिया हुई है?" मेरा अन्तिम प्रश्न था।

"कमलेश्वर जी का तार आया है। जनसंघर्ष में सक्रियता के लिए बधाई। हम सब आपके साथ हैं। रघुवीर सहाय ने भी पत्र लिखकर मेरा उत्साह बढ़ाया है। पटना में नागार्जुन जी के साथ मिलकर काम करने में मुझे कितना उत्साह मिल रहा है, इस विषय में कुछ कहना ही बेकार है। देश के सभी भागों से पाठकों के उत्साहवर्द्धक पत्र आ रहे हैं।" रेणुजी ने बातचीत समाप्त करते हुए कहा।

धर्मयुग/26 मई, 1974

स्थितियों के सामने सर झुकाना पसन्द नहीं

पिछले दो दशकों से मैं लिख-लिखकर लोगों को चकमा देता रहा हूँ—लोगों ने कहा कि स्पष्ट नहीं हो पाता, तुम कहना क्या चाहते हो? दो उपन्यास लिखे, तीसरा दो सौ पृष्ठों के बाद नहीं लिख पाया। अब लोकनायक जयप्रकाश ने पथ-प्रदर्शित किया है, डायरेक्ट इनवॉल्वमेण्ट द्वारा मृत्युपर्यन्त अब आदमी की लड़ाई लड़ता रहूँगा, कलाकार की हैसियत से आदमी की खोज करना ही मेरी प्रतिबद्धता है।

74 के आन्दोलन के विशेष सन्दर्भ में यादवेन्द्र पाण्डेय के प्रश्नों के लिखित उत्तर दे रहे हैं रेणुजी!

भागलपुर विश्वविद्यालय स्नातकोत्तर छात्र परिषद के निवर्तमान अधिकारियों को विदाई देने के अवसर पर 10 फरवरी 1975 को विश्वविद्यालय प्रांगण में प्रख्यात साहित्यकार श्री फणीश्वरनाथ रेणु आमन्त्रित अतिथि थे। अपने अभिभाषण के पश्चात् राजनेता न होते हुए भी राजनेताओं-सी व्यस्तता की मजबूरी में जब श्री रेणु ने प्रश्नों की सूची माँगी तो वही सूची दे देनी पड़ी, जिसमें कुछ बारीक संशोधनों की अभी और आवश्यकता थी।

प्रश्न : साहित्य में अपनी प्रतिबद्धता के बारे में स्पष्ट करें।

उत्तर : पिछले दो दशकों से मैं लिख-लिखकर लोगों को चकमा देता रहा हूँ—लोगों ने कहा कि स्पष्ट नहीं हो पाता, तुम कहना क्या चाहते हो? दो उपन्यास ('मैला आँचल' और 'परती परिकथा') लिखे। तीसरा दो सौ पृष्ठों के बाद नहीं लिख पाया। अब लोकनायक जयप्रकाश ने पथ-प्रदर्शित किया है, डाइरेक्ट इनवाल्वमेण्ट द्वारा। मृत्युपर्यन्त अब आदमी की लड़ाई लड़ता रहूँगा। कलाकार की हैसियत से आदमी की खोज करना ही मेरी प्रतिबद्धता है।

प्रश्न : यह आन्दोलन तो भ्रष्टाचार के खिलाफ है। आपके अनुसार इस भ्रष्टाचार की जड़ें कहाँ हैं?

उत्तर : एक उदाहरण काफी होगा। कपूर की अर्क तो फायदे की चीज है। लेकिन इतने से ही बात नहीं बनती–कपूर की अर्क डाबर या अमुक कम्पनी की होनी चाहिए। यहाँ से ठप्पेबाजी की जोड़-तोड़ शुरू हो जाती है और भ्रष्टाचार की नींव पड़ जाती है। एक और उदाहरण : एक युवती जुलूस में है, उसके उठे हाथ में एक झण्डा है। यहाँ तक तो ठीक है। क्या अपने आप में यह एक स्पष्ट प्रगतिशील रचना नहीं है? लेकिन नहीं, उस झण्डे में रंग भरा जाता है–उस पर अपने सिंबल्स चस्पा किये जाते हैं। इसी को रोकना होगा।

प्रश्न : क्या एक सृजनशील साहित्यकार को स्थितियों से न जूझ पाने की अशक्तता के परिणामस्वरूप वर्तमान से मुँह मोड़ लेना चाहिए? आपने कहा कि आपको आजादी के बाद बाहर नहीं होना चाहिए था, जेलें ही आपके लिए बनी हैं। सत्ता की तानाशाही के विरुद्ध बोलने-लिखने से तो स्वयमेव आपको कैद मिलेगी।

उत्तर : मेरे कहने का आशय यही था कि अन्याय की जिस प्रक्रिया का आरम्भ आजादी के बाद हुआ, उसका सक्रिय विरोध मुझे आरम्भ में ही करना चाहिए था। गत वर्ष जब मैंने सक्रिय विरोध किया तो मुझे गैरकानूनी ढंग से 74 दिन जेल में रहना पड़ा।

प्रश्न : एक साहित्यकार को संघर्ष करना पड़ता है। पर निराशा हाथ लगते ही क्या उसे स्थितियों के सामने माथा टेक देना चाहिए।

उत्तर : साहित्य का सृजन भी मानसिक संघर्ष की प्रक्रिया से होता है। मैं उपदेशक नहीं हूँ, परन्तु स्थितियों के सामने सिर झुकाना मुझे पसन्द नहीं है।

प्रश्न : भाषा का विवाद खड़ा कर सत्ताधारियों को कौन-सा लाभ प्राप्त हो सकता है? क्या साहित्य के माध्यम से भाषा-विवाद खत्म नहीं किया जा सकता?

उत्तर : भाषा की पूजा बन्द करो, भाषा का इस्तेमाल करो।

प्रश्न : बुलेट या बैलेट? आजकल चुनावों में पैसे का जो महत्त्व है, उसे देखते हुए ऐसा लगता है कि इसमें गरीबों का कोई स्थान नहीं रह गया है। क्या आप इसके लिए कोई समाधान सुझा सकते हैं?

उत्तर : बेशक बैलेट। पर 'बूथ कैप्चरिंग' वाला नहीं, सच्चा, निष्पक्ष और लोकमत का प्रतिनिधित्व करने वाला मतदान। बिहार का वर्तमान, लोकनायक जयप्रकाश नारायण के नेतृत्व वाला आन्दोलन ही समाधान है।

प्रश्न : 1972 के चुनाव में हार जाने के बाद आपको क्या अनुभव हुआ? इसके कारणों पर प्रकाश डालेंगे?

उत्तर : पराजित हो जाने के बाद मुझे जो अनुभव हुआ वह इतना ही कि सच और झूठ का अन्तर मैं जान गया और मैं यह मानता हूँ कि आज की चुनाव पद्धति में आम आदमी का चुनाव लड़ना मुश्किल ही नहीं, असम्भव है।

प्रश्न : रिश्वतखोरी की चर्चा करते हुए आपने सम्पूर्ण व्यवस्था को भ्रष्ट करार दिया है। तो आखिर इसकी वजह क्या है? दोषपूर्ण शिक्षा प्रणाली तो नहीं?

उत्तर : निश्चित रूप से पूरी व्यवस्था दोषपूर्ण है और उसमें शिक्षा प्रणाली भी शामिल है।

प्रश्न : कुछ लोग इस क्रान्ति को प्रतिक्रान्ति कहते हैं। आप इस आन्दोलन को क्या कहेंगे?

उत्तर : क्रान्ति सिर्फ क्रान्ति होती है...और यह आन्दोलन जन आन्दोलन है।

प्रश्न : शुरू में ही यह सड़ी-गली चीज–पद्मश्री आपने ग्रहण क्यों की, क्योंकि यह बात सर्वविदित है कि सरकार ये उपाधियाँ लेखनी को गिरफ्तार करने के लिए देती है?

उत्तर : जब तक पद्मश्री का तमगा मेरे पास था, तब तक क्या मेरी लेखनी गिरफ्तार हुई थी? जब हमने उन तमगों पर खून के छींटे देखे, उन्हें तत्काल वापस कर दिया। और अब फैसला किया है कि कभी भी किसी सरकार से (चाहे वह जयप्रकाश नारायण की ही क्यों न हो) अलंकरण और वृत्ति ग्रहण नहीं करूँगा।

प्रश्न : आपने उन खूनी हाथों से वृत्ति के रूप में जो पैसे लिये, वे तो अब पच ही गये। भला अब उन्हें कैसे वापस करेंगे?

उत्तर : पैसा जनता का था। जिस दिन मुझे अहसास हुआ कि खूनी हाथ दे रहे हैं, तुरन्त लेना बन्द कर दिया। रही बात पचने की, तो जनता के पैसे अब तक लेता रहा हूँ, उनका सदुपयोग मैंने उन खूनी हाथों को बदलने के काम में ही किया है।

मुक्ता/मई प्रथम 1975

ऍखॅन सकलेर दृष्टि...!

भाई रघुवीर [सहाय] जी, आराम से हूँ, खुश हूँ! नरकवास के 62 दिन कट गये। ये बासठ दिन 'धन्य-धन्य' करके गुजारे हैं। सिर्फ मानसिक तनाव ज्यादा रहता है। कम्पोज की अनेक गोलियाँ लेनी पड़ती हैं। नींद के लिए नहीं, तनाव के लिए। किन्तु प्रायः कम्पोज से भी कुछ नहीं होता, क्योंकि तनाव बढ़ाने की कई वजहें यहाँ मौजूद हैं। यदि कोई लगातार आपके कान के करीब हुकूमत चलाये : 'यह करो! ये मत करो, इस तरह रहो—इस तरह नहीं' तब आपकी क्या हालत होगी, सोचिए!

पूर्णिया जेल में बिताये अपने विकट अनुभवों एवं 'मैला आँचल' के पात्रों से जेल में मिलने की लम्बी दास्तान बंगला भाषा में बंगला के प्रसिद्ध कवि समीर राय चौधरी को सुना रहे हैं रेणुजी!

लगता है साँस रुक रही है, अन्दर-ही-अन्दर छटपटाकर रह जाना पड़ता है— कैसे हालात हैं! ऐसा भारतवर्ष हमने चाहा था क्या? पच्चीस वर्षों में हम कहाँ आकर खड़े हैं?

मेरे दोनों मुख्य उपन्यासों के बाद इस त्रयी के तीसरे अंश के बारे में बार-बार सोचा है। लेकिन पता नहीं क्यों आगे बढ़ना नहीं हो पाता। ऐसा लगता है कहीं पतवार खो गयी है। मैला आँचल और भी मैला हो गया है। 'मैला आँचल' नाम मैंने पन्तजी की कविता से लिया था—

भारतमाता ग्रामवासिनी खेतों में फैला है श्यामल
धूल भरा मैला सा आँचल
नैनों में गंगा-यमुना जल मिट्टी की प्रतिमा
उदासिनी

'मैला आँचल' का वह चलित्तर कर्मकार वास्तविक जीवन में पूर्णिया का मजदूर नेता नक्षत्र मालाकार, कालीचरण जो कि वास्तव में तारिणी मण्डल है या 'मैला आँचल' का वह घटनाक्रम जहाँ आधी रात को पार्टी आफिस के दरवाजे को खटखटाता है जेल से भागा कालीचरण। भागते वक्त झाड़-झंखाड़ में छुपते वक्त सोचा कि पैरों में शायद काँटा चुभा है, बाद में पता लगा कि पुलिस की गोली से पाँव में छेद हो गया है—उसी अवस्था में उसे पार्टी आफिस से कृष्णकान्त जी ने भगा दिया—खून की बूँदें छोड़ता हुआ कालीचरण अन्धकार में खो गया। उपन्यास में फिर कालीचरण का जिक्र नहीं आया है। कृष्णकान्त जी अभी प्रसिद्ध एम. पी. हैं। उनका वास्तविक परिचय तो आप जानते ही हैं। अमुक मिनिस्टर के 'गुट' का आदमी है। [दल या 'ग्रुप' के लिए हिन्दी में 'गुट' शब्द धड़ल्ले से लिखा-कहा—जाता है। 'गुट' शब्द में घुप्प अँधेरा और कचोटने का भाव है।] 'मैला आँचल' शिवनाथ चौधरी की याद है। वास्तव में जो बैद्यनाथ चौधरी हैं। ये एक बार काँग्रेस के सभापति हुए थे। इनके लिए ही भादुड़ीजी [सतीनाथ भादुड़ी] काँग्रेस से जुड़े थे। ये प्राइमरी पास भी नहीं थे। भादुड़ी महोदय ने भागलपुर सेण्ट्रल जेल में इन्हें अंग्रेजी पढ़ायी थी। गाँधीवादी बैद्यनाथ चौधरी एक साथ ही चरखा कातते और अंग्रेजी सीखते। पढ़ाते वक्त भादुड़ीजी गाँव की भाषा में बोलते—B-U-T 'बट' भेलई P-U-T- पट न भेलई। उस समय राजनीतिक भाषा में सभी उर्दू का प्रचुर व्यवहार करते और लिखते समय बात-बात में तखल्लुस का प्रयोग करते हैं। बैद्यनाथ चौधरी व्यतिक्रम थे। भादुड़ीजी की नजरों में ये बातें आयी थीं। भादुड़ीजी की पढ़ाई से सिर्फ 15 दिनों के बाद बैद्यनाथ चौधरी ने 'इण्यिन नेशन' के सम्पादकीय अनुवाद का जिम्मा लिया था और सिर्फ 36 दिनों में अंग्रेजी में दक्षता प्राप्त कर ली—विश्वास करेंगे आप! इन्हीं बैद्यनाथ चौधरी ने रानी पत्रा आश्रय में कांफ्रेंस की जगह का नाम रखा था—'भादुड़ी नगर'—सतीनाथ भादुड़ी के नाम पर।

लेकिन इनके लेकर—किनको लेकर क्या लिखूँ। इस जीवन की जरूरतें मुश्किल होती जा रही हैं—हर जगह गन्दगी, हर जगह गड़बड़ी! लिखकर क्या होगा, क्या हुआ—राजनीतिक लोग तो मनमर्जी चलते हैं। बचपन और मूर्खता ये सब उलट-पलट करके रख दिया—देश का क्या हाल हुआ है? फारबिसगंज से चुनाव भी लड़ा मैंने। पता था कि जीतूँगा नहीं, फिर भी जाँचने की इच्छा थी। गरीब और आम आदमी इस देश में चुनाव लड़ सकता है क्या? सन्देह को दूर करना चाहा था। लेकिन राजनीतिज्ञों ने इस बीच 'बूथ ग्रेविंग' का आविष्कार किया—यानी जबरन बूथ पर कब्जा कर अपनी इच्छानुसार बॉक्स में बैलेट पेपर डाल देना। छोटे कर्मचारी नौकरी बचाने के

लिए चुप रहते हैं और ऊपर के लोगों में कुछ तो इनसे हाथ मिलाते हैं और उपेक्षापूर्वक निर्विकार रहते हैं—'होने दो जो होता है, साला!'

इस अवस्था में जब दिलोदिमाग काम नहीं कर रहे थे—कहीं मुक्ति का रास्ता नजर नहीं आ रहा था—तब शुरू हुआ जयप्रकाशजी का आन्दोलन। इसमें सभी दलों के लड़के हैं। सी.पी.आई और एम.एम.एल., लाल टोपी—खादी टोपी—सभी। लेकिन सभी झण्डे समेट वर्दी खोलकर आन्दोलन से जुड़े हैं। पार्टी और दलबाजी ने इस देश का सबसे ज्यादा नुकसान किया है। एक लेखक के लिए किसी पार्टी की उठापटक से जुड़ना किसी भी तरह सम्भव नहीं है। अन्ततः आदमी ही लेखक का विषय हो सकता है।—झण्डे और वर्दियाँ नहीं।

जयप्रकाशजी के साथ मेरे पुराने सम्पर्क तो आप जानते ही हैं। जयप्रकाशजी ने कोई दल नहीं, स्वीकार किया था—सर्वोदय। इस आन्दोलन के कुछ महीनों पहले, उत्तर बिहार के मुजफ्फरपुर जिले के मुशहरी ब्लॉक से जयप्रकाश ने मुझे एक पत्र लिखा था। नक्सली लड़कों के बारे में। सरकार इनको लेकर चिन्तित थी। जयप्रकाशजी को छुपाकर वहाँ ले जाया गया था। चम्बल की आश्चर्यजनक घटना तो आप जानते ही हैं। कैसा जादू हुआ था! इन खूँखार डकैतों ने जयप्रकाश जी के उपदेशों और बातों में जीवन ही बदल लिया। वर्षों से शासक जिसे असम्भव मानता आ रहा था, जयप्रकाश जी ने उसे सम्भव कर दिखाया। मुशहरी में भी ऐसा ही हुआ था।

जयप्रकाश जी गाँधीवाद के अन्तिम कुछ लोगों में से एक हैं। वर्तमान आन्दोलन भी उसी गाँधीवाद का अन्तिम Experiment है। इससे समझ में आएगा कि देश अब भी गाँधीवाद के योग्य है या नहीं।

> ठीक इसी समय लतिका दी बाराम्दे से चिल्लाकर बोलीं—"तुम्हारे नहाने का पानी भरने का समय नहीं निकाल पायी। मैं जा रही हूँ, तुम पानी भर लेना, बारह बजे तक पानी रहेगा।" लतिका दी चली गयीं। दरवाजे की आवाज आयी। लतिका दी बंगला में एम. ए. हैं—हजारीबाग की हैं। मैंने लतिका दी को सबसे पहले, स्कूल पढ़ते वक्त देखा था। बड़े जीजा जी के घर के सामने, पटना के सब्जीबाग विड़ला मन्दिर के पास सिफ्टन वेलफेलर सेंटर (अस्पताल) में रेणुजी की सेवा में! वहाँ नौकरी करती थीं लतिका दी। गोरी-चिट्टी सुन्दर-सी देहयष्टि। अद्भुत आँखें और चेहरा तथा भंगिमाएँ। अस्पताल की वह सेवापरायण सादी पोशाक। ऐसी सेवापरायण महिलाओं को देखकर बीमार होने की तीव्र इच्छा होती है—ठीक वैसे ही। पटना के राजेन्द्र नगर में तीनतल्ले पर एक फ्लैट में ये दोनों रहते हैं। कुछ दिनों पहले एक कुत्ता भी था, मर गया। रेणु जी के इस फ्लैट में कुल दो बेडरूम हैं, अलग बाथरूम और रसोई और एक बाराम्दा। बारम्दे के एक कोने में बाहर का दरवाजा। उस दरवाजे से

निकले ही सीढ़ियाँ। फ्लैट में बाथरूम के सामने नीचे से ऊपर पानी खींचने के लिए चाँपाकल। बराम्दे के अन्त में जो बेडरूम है, वह बैठकखाना और रेणुजी के लिखने-पढ़ने के कमरे के रूप में इस्तेमाल होता है। दीवाल पर विधानचन्द्र राय और नेहरूजी की तस्वीरें हैं, राष्ट्रपति बी. वी. गिरि के हस्ताक्षरयुक्त पद्मश्री का प्रमाण-पत्र टँगा हुआ है। दूसरे दो पुरस्कारों के कागज भी मढ़कर टँगे हुए हैं। इसके अलावा एक तख्ते पर चादर बिछाकर तकिया और मसनद रखे हैं। दूसरी तरफ किताबों के ढेर! सबसे ऊपर सुबल गंगोपाध्याय द्वारा सम्पादित सतीनाथ भादुड़ी स्मरण ग्रन्थ! रेणुजी ने किताबों की तरफ दिखाकर कहा—"मेरा बंगला लेखन देखा है? लतिका को नहीं दिखाया है—गलतियाँ निकलेंगी।" बाराम्दे में दोनों तरफ स्तूपीकृत किताबों के ढेर हैं। जरूर ही लतिका दी का काम है। बाराम्दे की दीवार पर इन्दिरा गाँधी के साथ रेणुजी की दो तस्वीरें हैं और एक तस्वीर है वी. वी. गिरि के साथ। जयप्रकाशजी की तस्वीर पूरे घर में नहीं देख पाया।

जेल मैं इसके पहले भी गया हूँ। इसे लेकर चार-बार। पहली बार 1930 में— वानर सेना में था तब। तब मैं नौ वर्ष का था। हर बार पूर्णिया जेल में ही गया। क्योंकि मैंने जब भी जो कुछ भी किया है, अपने इलाके फारबिसगंज में जाकर ही। उन किशोरों के दल को घोड़ागाड़ी पर चढ़ाकर जेल के फाटक तक ले जाया गया। तब हमारा नारा था 'बन्दे मातरम' और 'भारतमाता की जय'! आपने ध्यान दिया होगा स्वाधीनता के बाद राजनीतिज्ञों ने जिस कारण से भी हो इस नारे को लुप्त कर दिया और अब जयप्रकाश जी के इस आन्दोलन में ये दो नारे वापिस आ गये हैं। इसके अलावा—''हमला चाहे जो भी होगा, हाथ हमारा नहीं उठेगा।'' आप जानते हैं इन्दिरा बेगेड (?) के फूलेना राय के किन लोगों ने गोली चलायी! उस दिन जयप्रकाश जी के सात लाख लड़के पटना में थे। लेकिन, जयप्रकाश जी की एक बात पर किसी ने भी प्रतिशोध की बात तक नहीं की। इसे आप क्या कहेंगे? हाँ, मैं जो कह रहा था— ज्योंही हमने जेल के दरवाजे तक पहुँचकर नारा दिया—'बन्दे मातरम'—दोनों तरफ लगे वटवृक्षों पर से असंख्य चमगादड़ों ने किचमिच की आवाजों के साथ आकाश ढँक दिया। हम लोग इसके लिए तैयार नहीं थे। इस अजीब-सी घटना से हम सारे लड़के पलभर के लिए आतंकित हो गये। अचानक ब्लेंक फायर हुआ। सारे चमगादड़ वापस टहनियों पर आ झूलने लगे। तब इन चमगादड़ों को चुप कराने के लिए जेल में यही आदेश था। हर बार जेल जाने पर इसकी पुनरावृत्ति हुई है। इस बार देखा कि एक वृक्ष काट दिया था। सिर्फ एक तरफ का गाछ था। फिर अगस्त आन्दोलन 42 में जेल गया था—इन्हीं जयप्रकाश की पुकार पे—उसके बाद 1947 में—विराटनगर [नेपाल] मजदूर आन्दोलन। नेपाल पुलिस ने सीमा के इस पार

भगाया। आन्दोलन के साथ मातृकाप्रसाद कोइराला भी थे जो बाद में नेपाल के प्रधानमन्त्री भी हुए थे। और चौथी बार—इस बार नौ अगस्त को फारबिसगंज में गिरफ्तार होकर पूर्णिया जेल में लाया गया। कुल मिलाकर साढ़े तीन वर्ष जेल में काटे हैं। पहली बार चौदह दिन, दूसरी बार लगभग एक वर्ष, तीसरी बार दो वर्षों से ज्यादा और चौथी बार—इस बार बासठ दिन! हाँ, उस बार वानर सेना में, यानी वानर सेना के आन्दोलन में इन्दिरा जी भी थीं। जानते हैं वानर सेना सहित गिरफ्तार होकर क्या नाम ठिकाना बताया था—नाम जवाहरलाल, बाप का नाम मोतीलाल—पता—आनन्द भवन। कोई-कोई यह भी कहता—नाम बन्दर, बाप का नाम चुकन्दर—घर जेल के अन्दर। तब ऐसा ही आदेश था। मेरे पिता भी पुराने निष्ठावान काँग्रेसी थे।

> रेणु जी थोड़े छटपटाये। मैंने कहा—हाँ बारह बज गये हैं शायद। पानी भर लेंगे क्या? अन्यथा नहाना कैसे होगा? रेणु जी ने उठकर चापाकल चलानी शुरू की। ग्यारह बार चलाकर दो मिनट रुककर फिर कुछ देर चलाने के बाद बाल्टी भरकर रख दी और कपड़े से हाथ पोंछते हुए कमरे में दाखिल हुए। बगल की टेबल से गाँजा की पुड़िया उठाकर पूछा—'लेंगे'? मैंने हाँ कहाँ—सिगरेट की आधी तम्बाकू झाड़कर गाँजा भरते-भरते बातें शुरू कीं।

नौ अगस्त की घटना तो आपने 'दिनमान' और 'देश' पत्रिका में पढ़ी होगी। इस तारीख की घटना बताऊँ। पूर्णिया जेल में मुझे पहले जनरल वार्ड के सोसलिस्ट हिस्से में रखा गया। बाहर जैसे देखते हैं—सोसलिस्ट, कम्युनिस्ट, एम. आर., एम. एल वगैरह—जेल में भी इसी तरह सोसलिस्ट भट्टा, कम्युनिस्ट भट्टा, नक्सल भट्टा, जनरल भट्टा अर्थात् प्रत्येक दल का अलग मैस, अलग खाना, रहना। प्रशासन की इच्छा से ही ऐसा हुआ है। प्रत्येक भट्टे का लीडर रहता है जैसे पार्टी का। राशन में पूरी गड़बड़ होती है। तीन सौ पचास ग्राम में सिर्फ अढ़ाई सौ लीडर के हाथ में आता था। बाकी बचे सौ ग्राम राशन में जेल के अधिकारीगण और बाकी के स्टाफ तथा लीडर की भागीदारी होती है। लीडर इससे मिले पैसों से पोस्ट आफिस में खाता खोलता है। पार्टी के लिए ही वे रुपये खर्च होते हैं। जनरल वार्ड में साधारण अपराधी रहते हैं, जिनका किसी पार्टी से सम्पर्क नहीं रहता है। खूनी, चोर, बलात्कारी और 'रेगुलर' जो जेल में कैदी जीवन गुजारते हैं—ये सब जनरल भट्टे में रहते हैं। जनरल भट्टे में भक्तिमान लीडर और दलाल रहते हैं। उनके हाथों में ही भट्टे का राशन जाता है। साधारण अधिकारी के लिए सिर्फ पचास ग्राम राशन। इसी खाने पर उन्हें गुजारा करना पड़ता है। बाकी बचे राशन में दलाल कैदी और जेल कर्मचारी यानी जेलर बाबू में भागीदारी हो जाती है। इस ऊपरी आमदनी के बल पर दलाल कैदी भयानक नर्क खेल में दिन बिताते हैं। जेल में जो 'जूविनल वार्ड' रहता है। वह साफ अर्थों में इनकी 'होमोसैक्सुअलिटी' का पूरक रहता है। ये लड़के सजधजकर चमकते रहते हैं। उन्हीं

में एक बीड़ी कम्पनी का नचनिया लड़का भी है। उसके लिए रस्साकस्सी चलती है। ये सब दसटकिया माल हैं। नचनिया लड़के के विरुद्ध में कई केजी चावल चुराने का अभियोग है लेकिन जेल की पुलिस और कैदियों की मौजमस्ती के कारण दो वर्षों से यह मामला बन्द ही पड़ा है और शायद कभी खुलेगा भी नहीं। महिला वार्ड तो पूरी तरह ही रण्डीखाना है। इन सबका कोई उपाय भी नहीं है। जेल में सबको जेल का नियम मानना ही होता है। वैसे ही मानते हुए वे जिन्दा हैं। वहाँ हर आदमी की कहानी में रुदन का आलाप है। मैंने लगातार जेल में सब देखा-सुना है। वहाँ के कई नियम कानून को चोट पहुँचायी है। दो दिन बाद ही कलक्टर साहब से गुप्त निर्देश आया था। उन्होंने मुझे डिविजन दिया और सेल में लाकर रखा। वहाँ कुल चार सेल थीं। एक में तो था मैं और दूसरे में नेपाल के हवाई अपहरण यानी 'हाईजैंकिग' के मामले के चक्र प्रहलाद बस्तोला और लक्ष्मीप्रसाद शर्मा—छत्तीस साल से मामला चल हा था—नेपाली काँग्रेस से सम्बद्ध। बस्तोला गजब का लड़का था—बनारस में पढ़ा-लिखा हर विषय पर अधिकार था उसका। बंगला में शक्ति, सुनील की कविताएँ भी पढ़ी थीं। आपने तो बंगला में लता शर्मा और किसके साथ मिलकर कुछ अनुवाद किये हैं न, यह सब पढ़ा था उसने। अभी जेल में ज्योतिष शास्त्र पढ़ रहा है, बहुत-सी किताबें मँगायी हैं। और चौथी सेल में हैं अवधबिहारी-राइस मिल के मालिक का बेहद आत्मीय और कर्मचारी। हमारे इलाके की ग्यारह वर्ष पहले की घटना थी। वायरहाउस कारपोरेशन और स्टेट बैंक के साथ मिलकर नौ लाख रुपयों का घोटाला। वायरहाउस के बाबू और राइस मिल के मालिक को छुटकारा मिल गया है। फँसे तो सिर्फ अवधबिहारी। यहाँ जेल जाना मतलब फँस जाना। जिसके पास पैसे और पैरवी की ताकत है, वे कितने दिन फँसेंगे? अवधबिहारी सात वर्षों से 'फास्ट' कर रहा है। बड़ा ही आश्चर्यजनक मामला है। जेल में अनशन करने पर फोर्स फिडिंग की व्यवस्था है। फोर्स फिडिंग का एक निश्चित राशन भी है। यह रहस्य अवधबिहारी की समझ में आ गया था। इसलिए वह सात वर्षों से फोर्स फिडिंग पर निर्भर है। नाक से तरल खाना सहन करने लायक गर्म पेट में जाता है। पहले-पहल तो अवधबिहारी को काफी तकलीफ हुई। लेकिन धीरे-धीरे आदत पड़ गयी। नाक में तेल-वेल डालकर वैसी ही आदत डाल ली। अब कोई तकलीफ नहीं होती। स्वास्थ्य भी अच्छा है। अन्यथा जिनकी जमानत कराने वाला कोई नहीं है उनकी तरह पचास ग्राम राशन खाकर अब तक वह भी टें बोल गया होता। स्वाधीनता के बाद मौत के आँकड़े (जेल में) को लेकर किसी ने रिसर्च किया है कि नहीं, मालूम नहीं। किया होता तो एक भयानक सत्य सामने आता। लेकिन आकर ही क्या होता, वही राजनीति का नंगा झूठ-सच का खेल। पूर्णिया जेल के डेढ़ हजार कैदियों में हर वर्ष डेढ़ सौ मारे जाते हैं। मेरा एक परिचित डाक्टर महेश नारायण पूर्णिया जेल का डाक्टर है। पटना का लड़का है—स्मार्ट और अच्छा लड़का है, उसकी एक किताब है, बड़ों से मिलने के विचित्र अनुभव। मैंने ही इसके प्रकाशन की व्यवस्था की थी, लेकिन जैसा कि प्रायः होता है अच्छे लोग ही

आजकल समाज में अनफिट हैं, जीवन में भी। इसीलिए पचास ग्राम घुन लगे गेहूँ, तरकारी यानी पोची हुई परवल और हल्दी के पानी को पीते हुए आदमी मर रहा है। सुबह 'सेल' के सामने से ही लाश जाती थी। ड्यूटी पर का वार्डन एक बार चिल्लाकर पूछता, 'कोन गेलई रे!' जवाब में एक नाम सुनाई पड़ता। लगभग रोज ऐसे ही। इसीलिए अवधबिहारी का अनशन और फोर्स फिडिंग जेल की इस विचित्र अवस्था में बचे रहने का गजब का उपाय है। फोर्स फिडिंग का मैनू प्रायः ऐसा होता है—सभी तरल—

अढ़ाई सौ ग्राम साबूदाना
अढ़ाई सौ ग्राम वार्ली
मछली का सूप तीन बोतल
मांस का सूप तीन बोतल
दूध तीन बोतल
दाल का पानी तीन बोतल

पहले-पहले जबर्दस्ती होते-होते बाद में यह एक स्वाभाविक मामला हो गया। एक कैदी बैठा रहता पहरे पर। अवधबिहारी आधे दिन तक नाक में नली झुकाकर उस तरल खाद्य को पी आत्मसात् करता। इसीलिए सात वर्ष! शायद यह फोर्स फिडिंग का 'एवार्ड' होगा।

सेल के इलाके में एक अमरूद गाछ की छाया में अड्डा जमाते। मैं, बरतोला, शर्मा...और वार्डों से भी कोई-कोई आता। हम भी जाते। हमारा प्रतिवादी भी। यह एक रटी-रटायी घटना थी। जेल सुपरिंटेण्डेण्ट एक मुसलमान सज्जन थे। भले आदमी थे, जैसे शरीफ लोग होते हैं। बीच-बीच में शेरो शायरी कहते—

कभी उनको देखता हूँ
कभी अपने घर को देखता हूँ।

उनकी लड़कियों ने 'मैला आँचल', 'परती-परिकथा' पढ़ी थी। वे भी अब्बा को तरह-तरह की बातें कहतीं। बीच-बीच में वे आकर पूछते—कोई दिक्कत तो नहीं। जेलर महा बज्जात था। जिसे कहा जाए पक्का हरामी। बात-बात में कानून दिखाता—साले को ऐसे झमेले में फँसाया—पहली बार 15 अगस्त को सेल में ले गया। बारह तारीख को गेट से जुगून के जरिये 'दिनमान' की वह चिट्ठी जे० पी० को भेजी। जुगनू होशियार लड़का है। सुनील के साथ अच्छी दोस्ती है। 'तरुण संघर्ष' जे० पी० के अखबार में छपने के बाद जेल में भी सब जान गये। मैं बी-क्लासी यानि जेल के सारे कायदे कानून जानता हूँ। जेलर ने पूछा—यह चिट्ठी कब भेजी? यह सेंसर होकर नहीं निकली, अच्छा नहीं किया।

मैंने साफ-साफ कहा—"मैं कैदी हूँ। दुनियाँ के तमाम कैदियों का यह कर्तव्य होता है जैसे भी हो नियम तोड़ो यानी अवैध तरीके से सब कुछ का आदान-प्रदान। सभ्य तरीकों से किस तरह नियम तोड़ने चाहिए, मुझे मालूम है।"

उसी रात सेल में दे दिया। रात में लॉकअप करने से पहले ड्यूटी का सिपाही एक अधकटा गन्दा अलकतरा पुता कनस्तर कोने में रख गया। अर्थात् कमोड़। यही

यूरिनल लैट्रिन, जो कहें। आधी रात को कितने बजे ठीक याद नहीं पेशाब करने एक दफे उठा था, पेशाब करते ही 'क्रर क्रर-र-र-र' टीन की आवाज हुई। लपककर ड्यूटी का सिपाही टार्च जला तेजी से दौड़ा आया। करीब आ सब देख सुनकर धुस्स करके चला गया। जाते वक्त सींकचों पर बटन लगा 'टंग् टंग् टंग्' की आवाज कर गया। उसने समझा था आरी से सींकचे काटे जा रहे हैं। दूसरे दिन सुबह सुपरिटेण्डेण्ट आये, पूछा—'कोई दिक्कत?' मैंने कहा, नहीं, ठीक है। लेकिन मेन गेट पर जेलर को कायदे से कमोड के लिए ड्रेरेडेण्ट भेजा। पूरे दिन कुछ नहीं हुआ। शाम को फिर जैसे ही कनस्तर रखने लगा, मैंने मना कर दिया। हाँ कहना भूल गया पिछली रात को पेशाब करने तथा सिपाही के जाने के थोड़ी देर बाद देखता हूँ साँप की तरह क्या सब पूरे फर्श पर इधर-उधर घूम रहे हैं। कनस्तर में छेद था। सारे का सारा फर्श पर लुढ़क गया, इसलिए दूसरे दिन वह फूटी टिन नहीं रखने दी। कायदे से रात को पेशाब लगने पर सींकचों की फाँक से पेशाब करना शुरू किया। कुछ ही देर में देखता हूँ— ड्यूटी का सिपाही टार्च जला 'धत्' कर उठा। लुंगी सँभालने का भी वक्त नहीं मिला। वह बेचारा कुछ दूर चबूतरे पर सोया था। अचानक नींद में पानी से भीग चमक के उठा—रोशनी की, तो यह हालत! दूसरे दिन भी सुबह जेल गेट पर रेड्रेण्ट भेजा। कुछ भी नहीं हुआ। उसके दूसरे दिन मैंने सुपरिंटेण्डेण्ट से कहा—''अच्छा परसों रात को जो ड्यूटी में थे, उस सिपाही से मुझे माफी माँगना है। जेलर तो खूब खुश! सोचा कोई न कोई गलती पकड़ में आएगी। शुरू में तो ना-ना करते हुए मैंने घटना बतायी। सिपाही जो सो रहा था, उसे जरा दूसरी तरह 'बैठा था' करके कहा, जिससे कि वह किसी झमेले में नहीं फँसे। जेलर का चेहरा उतर गया। सुपरिंटेण्डेण्ट बोले—आप आज ही कमोड या बेड पैन दे दीजिए। जेलर ने लिख दिया, किन्तु दिन भर कुछ नहीं किया। दूसरे दिन फिर सुपरिंटेण्डेण्ट से कहा। भले आदमी ने कहा— आज आप खरीदकर मँगवा लीजिए। जेलर ने सूचना दी—कहीं नहीं मिल रहा। सुपरिंटेण्डेण्ट ने कहा—मेरे बच्चे लोग देख आये हैं, फलाना दुकान में मिलता है। जेलर का चेहरा फक् हो गया। उसके बाद वाले दिन ठीक मिल गया। मैं आम सेफ्टी पाखाने, मैदान, झाड़-झंखाड़, नदी के किनारे कहीं, जहाँ जा सकता हूँ, किन्तु पाखाने पर पखाना—वह मुझसे नहीं सहा जाता है। पर जेल में आम व्यवस्था यही है। एक सीधी नाली होकर पखाना बहा जा रहा है। उसी में कैदी एक के बाद एक पखाना कर रहे हैं। भयानक, गिजगिजी गन्दी हालत! पर वैसा सोफीस्टीकेटेड पखाना भी मुझसे नहीं सहा जाता। लगता है मैंने उसे गन्दा कर दिया है। जैसे, अपने प्रकाशक के जटिल, गैजेटमय बाथरूम में घुसने पर अजीब हालत में फँसा। एक-एक गैजेट दबाने पर क्या सब अजीबो-गरीब घटित होता।''

इसी बीच रेणुजी ने गाँजा भरी एक सिगरेट खुद सुलगायी, दूसरी मेरी ओर बढ़ा दी। 'पैप्टिक अल्सर' हो गयी है इसलिए वह सब छोड़ दिया

है, बिल्कुल बरदाश्त नहीं होता। इसी से ही जितना काम बने। अबकी फिर काफी ताकत महसूस कर रहा हूँ।

1948 के छब्बीस बरस बाद जेल गया (मेरी बहुत-सी रचनाओं में जेल एक महत्त्वपूर्ण आयाम लिये हैं।) काफी कुछ बाबा-सा बन गया था। शुरू में जेल में सिपाही कहते, बाबा जी भले आदमी हैं, इन्दिरा जी के आदमी हैं (पद्मश्री के चलते) किस मामले में जेल हुई, खासकर जब तक उन्हें नहीं पता चला, मैं 'बी क्लासी' ही (उनकी नजरों में) रहा।

गहरे मनस्ताप में गाँजे का दम भर धुआँ खींचकर रेणुजी अन्दर अटका रखते हैं। थोड़ी देर बाद छोड़ते हैं। सारे कमरे में रहस्य की पवित्र गन्ध बिखर जाती है। जेल में रहते हुए भी रेणुजी रोज सुगन्धलोक सुगन्धी धूप काम में लाते। गाँजा भी नियमित बाहर से आता। बाहर से सामान आने के विभिन्न तरीके हैं। जेल के भीतर बीड़ी ही जेल की करेंसी है, मिडियम आफ एक्सचेंज! उसमें भी लैला बड़ी का विनिमय मूल्य कुछ ज्यादा है। हार्ड करेंसी! लगभग विनिमय दर इस प्रकार है—

6 बीड़ी—एक पकोड़ा	
12 बीड़ी—एक चाय	
10 बीड़ी—बिना दूध की चाय	जीवनयापन
10 बीड़ी—एक रोटी	
औरत—दस रुपया	
कमसिन लड़का—दस रुपया	मौज
नायर—बारह रुपये	
देशी—आठ रुपये	मस्ती

हर तरह की चीज—बाजार से कुछ ज्यादा

एक दिन एक कैदी दाल लेकर जा रहा था। पकड़ा उसे। दस सेर बढ़िया दाल जेलर के घर जा रही थी। मेरे जिरह करते ही पनिया छोड़कर भागा। मेरे पास जान जेलर भी मांगने नहीं आया। दाल मेस में गयी। सेल के कैदियों में किसी में भी किसी तरह का नशा या लड़की-लौडें की तलब नहीं देखी। मुझे डिवीजन मिली थी यानी रोज के सत्तर रुपये। अपनी मरजी का खाना-वाना मँगा सेल के हम चारों जने खाते। जेलर से कहा—खुन्ती चाहिए। 'नहीं मिलेगी' उससे भागने को सुरंग कोड़ी जा सकती है। काठ का टुकड़ा ही था खुन्ती। चॉकी दिया बेलन नहीं दी। उससे हिंसात्मक कार्यवाही की जा सकती है। बेलन ही की बेलन! लेकिन एक दिन गच्चा देकर ये सब चीजें की वसूली। 'दिनमान'—सम्पादक रघुवीर जी को एक चिट्ठी लिखी एक दिन। सेंसर के लिए जेल गेट पर भेजी। इसके सिवा तमाम चिट्ठियाँ दीं। इसके-उसके द्वारा सीधी भेजता। जेलर रोज ही आरोप लगाता—चिट्ठियाँ सेंसर करके क्यों नहीं भेजता,

क्योंकि रोज मेरी चिट्ठियों का ही बण्डल आता। जवाब में कई लोग लिखा करते—आपकी चिट्ठी मिली। इसलिए रघुवीर जी के नाम से एक चिट्ठी का मजमून बनायाः

भाई रघुवीर जी, आराम से हूँ, खुश हूँ! नरकवास के 62 दिन कट गये। ये बासठ दिन 'धन्य-धन्य' करके गुजारे हैं। सिर्फ मानसिक तनाव ज्यादा रहता है। कम्पोज की अनेक गोलियाँ रोज लेनी पड़ती हैं। नींद के लिए नहीं, तनाव के लिए। किन्तु प्रायः कम्पोज से भी कुछ नहीं होता, क्योंकि तनाव को बढ़ाने की अनेक वजहें यहाँ मौजूद हैं। यदि कोई लगातार आपके कान के करीब हुकमुत चलाये : 'यह करो—ये मत करो, इस तरह रहो—इस तरह नहीं', तब आपकी क्या हालत होगी, सोचिए। और जो लोग यह सब कह रहे हैं उनके शरीर में जो प्रोटीन और चमक है, वह सब निरीह कैदियों के प्रोटीन और जीवन के ऐवज़ में जुगाड़ दिया गया है। औरत अथवा आर. जुवेनाइल वार्ड में यौन कारबार के लाभांश से इनके परिवार और बाल-बच्चों का पोषण होता है। इनसे बात करने में भी घृणा होती है। यह पत्र छपने या प्रचार के लिए नहीं भेज रहा हूँ। वह सब तो जब बाहर आऊँगा, तब फिर मेरी लेखनी आक्रमण शुरू करेगी।

—'रेणु'

यह चिट्ठी मिलते ही जेलर को तो बड़ा मुश्किल! किसे काटे और किसे रखे। मैं बार-बार कहता मेरी चिट्ठी सेंसर करके भेज दीजिए। जेलर का तो चेहरा सूख गया। मैंने कहा—जो काटना-पीटना हो काट दीजिए। उसमें भी उसे डर! यदि काटे सहित छाप दिया जाए। हमारी शासन-व्यवस्था यह नहीं जानती है, ऐसी बात नहीं, जान-बूझकर वह लोग यह सब चलने देते हैं, जिससे कि इस तरह के लोग इस प्रकार का सड़ा-गला जीवन गुजारेंगे तो बहुतों को भाग बँटवारे में सुविधा मिल जायगी। इसके सिवा जो लोग शासन चला रहे हैं, वह यह मानते हैं कि उनके जेल जाने के दिन बीत गये हैं। अतः जेल को साफ-सुथरा रखने से क्या फायदा? सोचकर देखिए, कहाँ आकर हम रुके हैं। इन छब्बीस-सत्ताइस सालों में, काफी हुशियारी से हिन्दुस्तान के जीवन से इन्होंने अच्छाइयों को सुप्त कर हर क्षेत्र को स्वार्थ और निष्ठुरता से भर दिया है।

रेणु जी गाँजे की दूसरी सिगरेट सुलगाने के लिए रुकते हैं। खिड़की के बाहर अविराम पुलिस की गाड़ियाँ घूम रही हैं। ठहरा-ठहरा-सा माहौल! भारतवर्ष के लोगों को डरपोक और कायर बनाने की आखिर कोशिश में अब भी पुलिस का एक सशस्त्र जत्था गुमटी की ओर से मार्च करता हुआ आर्य कुमार रोड की ओर चला गया है। रेणुजी यह सब कुछ भी नहीं देख रहे। आत्म मग्न और अपनी आस्था में प्रतिष्ठित एक अद्भुत आदमी ने इसी वक्त रेणु जी की आँखों में आँखे डालकर पूछा—"मैं जयप्रकाश जी के इन सब अहिंसा, सर्वोदय या आन्दोलन किसी पर भी पूरा यकीन नहीं करता। मुझे इन सब पर काफी अजीब-सा सन्देह होता है।

अहिंसा का तेज आपने देखा नहीं। इसके सिवा आप जिस पर विश्वास करते हैं, उसमें भी आपने किया क्या है? कुछ करने की मनाही कहाँ है? चम्बल और मुशहरी ब्लॉक की घटनाओं के बारे में आप क्या सोचते हैं? इसके अलावा एक लेखक की हैसियत से जीवन में डुबकी लगा लेखन के चाह पर इस समय को ठीक-ठीक व्यक्त करना मेरा काम है। मई महीने से हम लोगों ने हर चौरास्ते पर कविता-पाठ और नुक्कड़ नाटक किये। लक्की स्वीट होम मिठाई की दुकान के सामने—के विशाल विज्ञापन के सम्मुख हमने अनशन किया। देखा, हर आदमी इस व्यवस्था से छुटकारे के लिए छटपटा रहा है। हम सभी इन हालतों में बदलाव चाहते हैं। उस बदलाव की ओर सब अपनी-अपनी तरह से बढ़ना चाहते हैं। जे.पी. ने भी यही किया है। इसमें आपको समझने की दिक्कत कहाँ हो रही है?

नेहरू परिवार के लिए हमेशा हम लोगों के हृदय में एक श्रद्धा का भाव रहा है। जेल में इन्दिरा जी के शासन के नाम पर इन्दिरा जी के प्रति तरह-तरह की टिप्पणी करते। मुझसे यह सब नहीं होता। मैंने एक सपना देखा था। हम सबने आपने भी जरूर पढ़ी होगी। नेहरू की 'लेटर्स टू हिज डॉटर'। हम लोगों ने सोचा था, ये पत्र हम सबको लिखे गये हैं। इसी के लिए हम सब मन ही मन तैयार हो चुके थे। किन्तु इसकी क्या परिणति हुई, यह भी हम सब देख रहे हैं। मुझे तो लगता है, एकान्त में गाल पर हाथ रख इन्दिरा जी भी जरूर यही सब बातें सोचती होंगी। सच बोलने में हर प्रधानमन्त्री के लिए कई कठिनाइयाँ हैं। किन्तु, डर तो यह है कि हम क्या अपने देश को चाहना, देश के लोगों को प्यार करना, क्या बिल्कुल ही भूल गये हैं?

गिरफ्तारी के पहले नौ अगस्त को बाढ़ सहायता की माँग लेकर जब फारबिसगंज ब्लॉक गया तो देखा बी. डी. ओ. साहब 'लॉ एण्ड आर्डर' को लेकर परेशान हैं। ब्लाक आफिस में बहुत-बहुत पुलिस है। हमारी बाढ़ सहायता की बात सुनकर, जो कहा, उसका मतलब यही था, कि सारा इलाका अगर बाढ़ में बह भी जाये तो करने के नाम पर ब्लॉक में एक फाइल खुली हुई है और खाद्य के लिए मैक्सीमम टेलीग्राम सदर भेजे गये हैं। 'मैक्सीमम' शब्द वे बात-बात में बहुत जोर देकर कह रहे थे। 'लॉ एण्ड आर्डर' की व्यवस्था जब कि इतनी मजबूत है, तो ठीक इसी तरह की पक्की व्यवस्था बाढ़ सहायता या खाद्य उत्पादन की क्यों नहीं हो सकती। इन बी. डी. ओ. लोगों की नौकरी की पहली पोस्टिंग से ही इन्हें इस तरह की गलत शिक्षा दी जाती है कि ये लोग "लॉ एण्ड आर्डर" का इस्तेमाल कर अपने ऊपर वालों तथा शासक वर्ग से ज्यादा साबाशी हासिल करते हैं। हालाँकि उस दिन हम लोग गये थे—ब्लाक के साहबों को गाँव ले जाकर बाढ़ की स्थिति दिखाने के लिए। ब्लाक में जाकर देखा कृषि सुपरवाइजर, घोड़ा डाक्टर, कोआपरेटिव और सोशल वेलफेयर सभी को सरकार ने स्पेशल पावर देकर रातों-रात मजिस्ट्रेट बना दिया है। बाढ़ में डूबी पृथ्वी के किसी भी अन्य इलाके में शासक नाव पर यह सब सम्भव है?

इस तरह के गोल-माल हम दिन रात देखते हैं। आदत हो गयी है। इसी के बीच अवधबिहारी की तरह...

> रेणु जी का यह फारबिसगंज इलाका, रेणु जी की ही भाषा में उनकी कथा-भूमि है, वहीं उनकी जमीन और जड़ें हैं, उसी धरती पर उनके उपन्यास और कहानी के पात्र गुजर-बसर करते हैं। वहीं से उठकर आती हैं—उनके ग्रन्थों की शब्दावली। फारबिसगंज में गिरफ्तार होने के बाद रेणु जी ने अपने एक स्थानीय मित्र से कहा था—'मैला आँचल', 'परती-परिकथा' का वर्तमान संस्करण जुटाकर भेजने के लिए। समयाभाव और हेरफेर में छपाई की अनेक भूलें रह गयीं और मित्र ने किताबें पूर्णिया जेल में भेज दी थी। संशोधित कर दिया रेणु जी ने। अपनी आँखों से देख आये हैं एक समय पार्टी का आदमी कालीचरण उन्नीस पुलिस और पुलिस के आदमियों का खून कर पूर्णिया जेल में है। वही 'मैला आँचल' का कालीचरण! चलित्तर कर्मकार को पार्टी के लोगों ने ही जेल में ठूँस रखा है, क्योंकि बड़े किसानों के खलिहान लूटकर मजदूरों के बीच वह बाँटकर पार्टी आदर्शों को वह क्षुब्ध न करे जैसे! पचहत्तर वर्ष के शिवनाथ चौधरी भी रेणु जी के दोनों उपन्यासों में हैं, उन्हें अभी कलक्टर साहेब का दरवाजा तोड़ने के आरोप में गिरफ्तार कर पूर्णिया जेल में रखा गया है। आँखों में जिनके मोतियाबिन्द हो गया है। हाथ-पाँव काँपते हैं, ठीक से देख सुन नहीं पाते। रेणु जी से भी बड़ा राइटर वे देख आये हैं पूर्णिया जेल में। जेल के कैदियों में से जेल के रोजमर्रा के काम-काज के लिए जिन्हें छाँट लिया जाता है, उनमें से जेल के आफिस में लिखने का काम जो लोग करते हैं, उन्हें कहा जाता है 'राइटर' और इनके बाद अन्यान्य कैदियों की देखभाल के लिए गेट पहरा इत्यादि। पूर्णिया जेल के "राइटर" कल्याण मिश्र थे। वहाँ के राइटर बाबू! जेलर साहेब की नजरों में मिश्रा का रेणु जी से भी बड़ा राइटर, पक्का और दूरदर्शी राइटर! रेणु जी की जुबान से ही उनकी कहानी सुनी जाए।

लड़का बीच-बीच में सेल के इलाके में आकर अमरूद गाछ की छाया के नीचे बैठता। मेरी ओर बीच-बीच में एकटक देखता रहता। नाम-पता पूछने पर जवाब दिया—कल्याण मिश्र! उम्र 21 साल, घर पूर्णिया महानगर। खून के मामले में आसामी। मुझे लड़का पसन्द नहीं था। कत्ल सुनकर लड़के की ओर देखते ही जी घिनघिनाता। अपने बिछौने पर नहीं बैठने देता। अचानक उसका मामला खुल गया। रोज तारीखें पड़ने लगीं।

एक दिन अदालत से लौट सूखे मुँह से कहा—आपको अपने बारे में सब कुछ बताना चाहता हूँ। मुझे अच्छा नहीं लग रहा था। सुनना, कत्ल की कहानी। सचमुच

हत्या की बातें मुझसे नहीं सही जातीं। कल्याण का चेहरा देख, कैसा ही लगा। कहा—अच्छा सुनाओ अपनी कहानी! कल्याण पढ़ने-लिखने में खासा तेज लड़का था। उसके पिता गरीब होम्योपैथी डॉक्टर थे। किसी तरह परिवार चलता। पुलिस दिखलाकर माँ उसे बचपन में डराया करती। उसी से पुलिस के बारे में अजीब-सी उत्सुकता रहती!

पुलिस को देखते ही सलाम बजाता। बिहार में तो जानते ही हैं, ज्यादातर पुलिस वाले किस तरह के होमोसैक्सुअल होते हैं। धीरे-धीरे कल्याण की पुलिस लाइन के नाइट ड्यूटी के सिपाही रामवतार के साथ दोस्ती हो गयी। इतनी बड़ी उम्र के बड़े आदमी, बराबरी के साथ, यह सब कर रहे हैं। यह सब उसे बराबरी की दोस्ती-सी लगती। कुछ भी खराबी महसूस नहीं होती, इसी तरह लाइन के सूबेदार साहेब से पहचान हुई। रामवतार बातों-बातों में कहता—सूबेदार साहेब यह किया, वह किया। कल्याण के मन में ऊँचे पुलिस वालों की अजीब तस्वीर बन गयी थी। सूबेदार के साथ जमीदार साहेब के साथ की दोस्ती कल्याण को खूब अच्छी लग रही थी। जो भी हो, उन्होंनें ही शराब की लत लगा दी। इस 'होमोसैक्सुअल' सेल का एक और साथी था—बस स्टेण्ड का किशोर कुली मनटुआ।...

सूबेदार साहेब से इजाजत ले रामवतार ने गाँव से अपनी पत्नी लाकर भाड़े का घर लेकर रहना शुरू किया। कल्याण को गाँव की यह भाभी जी बड़ी अच्छी लगती। अक्सर भाभी जी के पास जाया-आया करता। रामवतार की नाइट ड्यूटी थी। यह शुरू से ही सूबेदार साहेब की दी हुई विधा थी क्योंकि इससे चार पैसे ऊपर के होते। बहू लाने के बाद रामवतार नाइट ड्यूटी छोड़ने की सोच रहा था, पर कुछ ठीक नहीं कर पाया। क्योंकि बहू आने से बढ़ा हुआ खर्चा कैसे निकलेगा। इसलिए लगाये जा रहा था। रात में कभी-कभी सूबेदार साहेब रामवतार की गैर हाजिरी में उसके घर पर आते। रामवतार ने ही पहले दिन साहेब को ले जाकर बहू दिखा दी थी। धीरे-धीरे सूबेदार साहेब का लोभ बढ़ गया। हाथ बढ़ाया। शुरू में रामवतार को उसकी बहू ने कुछ नहीं कहा, क्योंकि गाँव में दो-चार दिन ज्यादा रह जाने पर रामवतार कहा करता, कुछ भी नहीं होगा; सूबेदार साहेब सब ठीक कर देंगे और यही होता, सब ठीक हो जाता। बात-बात में रामवतार कहता—सबूेदार साहेब! सबूेदार साहेब। बहू सोच रही थी, साहेब को नाराज करना ठीक नहीं। आखिरकार एक दिन सूबेदार ने छल्लाँग लगा दी रामवतार की बहू पर। उस दिन और नहीं; घर लौटने पर रामवतार को बहू ने सारी घटना बता दी। रामवतार तो सुनते ही गर्म हो गया, खौलने लगा। साले को देख लूँगा!...दूसरे दिन कल्याण को सारा कुछ सुनाया। कल्याण ने दोस्त मंटुआ को बताया। तीनों ने गुफ्तगू की। तड़ से कुछ नहीं किया जा सकेगा। प्लान करके करना होगा। 'होमोसेक्युअल' चलाते रहते हैं कल्याण मंटुआ और सूबेदार। इसी के दरमियान कल्याण सूबेदार को बताता—एक आफिसर की गजब की लड़की है—सूबेदार के लिए

इन्तजाम कर देगा। सुनकर ही सूबेदार लपलपाने लगा। मोहल्ले की लड़की की प्रायः छत और खिड़की पर खड़े रहने की आदत थी। इस तरह की आदत अनेक लड़कियों की होती है। वहीं सूबेदार को दिखला देता है। लेकिन किस तरह हाथ आएगी इसका कुछ इन्तजाम करो कल्याण, सूबेदार धीरज खो रहा था।

कल्याण सूबेदार को उकसाता रहा और धीरे-धीरे विश्वास जमा लिया। तय हुआ लड़की रिफ्यूजी कैम्प से आगे पाट-खेतों की ओर दूसरी लड़कियों के साथ पिकनिक के लिए जाएगी। लौटते वक्त गोया रास्ता भूल ग्रुप से अलग हो पाट के खेत में इन्तजार करेगी। शाम के बाद कल्याण सूबेदार को ले जाएगा। निर्धारित दिन सूबेदार दोपहर से ही उत्तेजित! शराब और मुर्गी खिलाई कल्याण और मंटुआ को। खुशी से सूबेदार फूला नहीं समा रहा! आग-सी लग रही है! लेकिन अन्तिम क्षणों में कल्याण ने लड़की के घर के चारों ओर घूमकर आकर बताया—आज मुमकिन नहीं, क्योंकि उसके बाप ने टूर पर जाने की बात की है। जाना नहीं हुआ, किसी कारण से कैन्सल हो गया। कल्याण के हावभाव देख सूबेदार ने यकीन कर लिया, लेकिन उत्तेजित इतना था कि मंटुआ को ही ले जाकर बस स्टेण्ड के करीब एक मकान में रगड़ा-रगड़ी शुरू कर दी। फिर एक दिन तय किया गया। यही निर्णायक दिन है, क्योंकि जाँच सफल हुई है। सूबेदार को कल्याण के प्रोग्राम में पर्याप्त रुचि है, क्योंकि परख हो चुकी है। इसी के बीच सूबेदार रामवतार पर बहन को गाँव से ले आने के लिए दबाव डाल रहा था। अन्तिम दिन भी सूबेदार दोपहर के आगे से ही उत्तेजित। कल्याण और मंटुआ को एक और मुर्गी खिलाई। लड़की को देने के लिए पचास रुपये पेशगी दे दिये सूबेदार ने। तीनों ही खूब पी पाकर तीसरे पहर से ही डगमग! शाम के बाद रिक्शा कर रिफ्यूजी कैम्प की ओर बढ़े तीनों—कल्याण, मंटुआ और सूबेदार! रिफ्यूजी कैम्प से जरा आगे बढ़ खेतों के इधर ही रिक्शा छोड़ दिया। सूबेदार को रास्ते पर ही खड़ा कर कल्याण ने कहा—रुकिए देख आता हूँ, लड़की ठीक-ठाक है तो! पाट खेत में घुस गया कल्याण!

रामवतार नशा किये प्रतिहिंसा की मूर्ति बना, भुजाली लिये घात लगाये ठीक जगह पर इन्तजार कर रहा था। आँखें बड़ी-बड़ी कर कल्याण को इशारे से कहा—जा ले आ साले को। कल्याण ने लौटकर खिले चेहरे से सूबेदार को बताया। सब ठीक है चलिए जल्दी से। कल्याण के पीछे बढ़ चला सूबेदार।

खेत में मुड़ते ही घात लगाकर बैठे रामवतार ने पूरे जोर से पीठ में भुजाली मारकर खींच दी। अचानक आक्रमण से अचम्भित सूबेदार कुछ भी समझ नहीं पाया। पीड़ा से नाचता रहा! और...और वार करता रहा रामवतार और साथ-ही-साथ बड़बड़ाता रहा। साला, मेरी बहू को खराब करने चला था हरामजादा! रामवतार-कल्याण-मंटुआ ने अधमरे सूबेदार का हाथ पाँव पकड़ हठात् यौनांग काट दिया। सूबेदार फिरकी की तरह नाचने लगा। यौनेन्द्रिय से रक्त की धारा बह निकली। कई

बार उछल सूबेदार की देह माटी पर गिरकर तड़पने लगी। रामवतार ने अब कल्याण और मंटुआ की ओर भुजाली बढ़ाकर कहा—लो तुम लोग भी चलाओ। मैं क्या साला अकेले फाँसी के फन्दे पर झूलूँगा। कल्याण और मंटुआ ने एक के बाद एक भुजाली चलाकर सूबेदार के शरीर के दो टुकड़े कर दिये। एक ओर पड़ा रहा सूबेदार का खून में लिथड़ा शरीर। पाट खेत पार कर नदी की ओर बढ़ गये तीनों। भुजाली रामवतार ने कहीं पर छिपा दी। तीनों नहाये। नशा इतनी देर में उतर गया तीनों का। धीरे-धीरे डर ने घेर लिया। रामवतार छुट्टी लेकर पहले से ही गाँव गया हुआ था! गाँव से ही छुपकर आकर यह बदला लिया, इसीलिए गाँव ही लौट गया। कल्याण घर से नहीं निकलता! दिन-रात घर में ही रहता है। कुछ भी जैसे अच्छा नहीं लगता। मंटुआ उसी तरह बस स्टेण्ड लौट गया। कुछ दिन बाद सूबेदार की खोज हुई। कहाँ आखिरी बार देखा गया—सूबेदार जी को? बस स्टेण्ड में! इसी सुराग से कल्याण पकड़ा गया! कल्याण पर जरा-सा जुल्म करते ही उसने सारी घटना बता दी। एस. पी. के साथ पाट खेत में आ लाश दिखा आता है। इस बीच लाश सड़ गयी। एक-एक कर रामवतार भी पकड़ा गया। इसी के चलते पिछले छः सालों से वे जेल में हैं। अब जाकर मामला शुरू हुआ है। वकील की सलाह के अनुसार उन्होंने अपराध स्वीकार नहीं किया, किन्तु कल्याण के मन में चैन नहीं। उसके बाद शराब छुई नहीं। शराब की गन्ध-सी उसी दिन की घटना स्मृति में ताजी हो डर बनकर फैल जाती है। ठण्डी लहर-सी दौड़ने लगती है।

रेणु से कल्याण शान्ति की दवा चाहता है!

हत्यारा, हत्या की कहानी!! रेणु को कल्याण अच्छा नहीं लगता। कहा—तुम भगवान् पर विश्वास करो! कल्याण ने उदास होकर एतराज किया—'यह सब मुझसे नहीं होगा और कोई रास्ता बताइए।' रेणु जी ने कहा—'यह जो धूपबत्ती और तुम्हारी जो अपनी तस्वीर है तुम्हारे पास। माँ की दी हुई!' हाफ पैंट पहने पन्द्रह साल की उम्र की एक फोटो कल्याण ने दिखायी। 'एक कापी माँ के पास भी है। माँ कहती है तुम मेरे लिए इतने ही बड़े हो।' रेणु जी कल्याण को समझते हैं—'सुनो! तुम्हें क्या करना होगा। मुझे जो-जो सुनाया। तुम्हें अपनी तस्वीर सामने रख हर रोज की कहानी तुम शान्त मन से अपने को सुनाओगे। धूप जलाकर रखना!' मेरी ओर देख रेणु जी ने कहा—'यह महेश योगी का रास्ता ही पकड़ा दिया! कल्याण क्रमशः शान्त हो गया। उत्तेजना काफी कम हो गयी। अचानक एक दिन अदालत से लौटकर कल्याण ने फूट-फूटकर रोते हुए बताया—'बगल की अदालत में खून के आसामी को बीस साल की सजा हो गयी है।' रेणु जी ने समझाया—'तुम्हें सजा नहीं होगी, और यदि हो भी तो क्या हुआ? रोज इसी तरह अपने को शान्त करना। तुम्हारी अभी उम्र ही क्या है? देखते-देखते वक्त गुजर जाएगा। उसके बाद भी देखोगे काफी जिन्दगी बची रह गयी है। इसके अलावा तुम तो जेल के राइटर हो। तुम्हें तो यहाँ कोई दिक्कत नहीं। आज

से तुम एक घण्टे के बजाय दो घण्टे बैठकर अपनी कहानी सुनाओगे।' कल्याण ने वही किया। आहिस्ते-आहिस्ते बिल्कुल शान्त हो गया। उस दिन शनिवार था—फैसले का दिन! कल्याण बिल्कुल शान्त! रेणुजी के पास आकर खड़ा हुआ। कल्याण की माँ गेट पर पूड़ी-सब्जी दे गयी है। बहुत रोई-चिल्लाई। रेणु ने कहा—'आज तुम खाओ! इसकी तुम्हें जरूरत है।' गेरुआ तहमद और गेरुआ पोशाक वाले रेणु जी की बात काटी नहीं जा सकती। लम्बे-लम्बे फैले केश! उज्ज्वल आँखे!—भीतर तक भेदने वाली!

माँ का खाना और रेणु जी के पूड़े खा कल्याण अदालत गया। दो बजे के करीब जेल पर जोर का हल्ला-गुल्ला! उन तीनों को ही मामले में रिहाई मिली। कल्याण की आँखों में पानी! आकर रेणुजी के पैर छुए।

कल्याण जेल से छूटकर माँ के पास चला गया। चार-एक दिन के बाद गेट पर कल्याण आया है! साथ में हैं मोहल्ले की कई बंगाली बहुएँ। किसी-किसी के गोद में बच्चे। रेणुजी की ओर सब कौतूहल से देख रहे हैं। बाबाजी मेरे बच्चे को जरा छू दीजिए, वह जैसे ठीक हो जाए। कल्याण ने इन दिनों में न जाने क्या सब कहानियाँ कहीं हैं? किसी तरह समझा-बुझाकर रेणुजी जेल में लौट आते हैं। 'यह एक झमेला हुआ न!' सब लौट जाते हैं।

रेणु जी लौटकर सोचते रहते हैं। अपनी ताकत का अहसास करा देने के बाद भी ये कितने असहाय रहते हैं। उसे भी पकड़कर नहीं रख पाते। कल्याण इस प्रकार के व्यवहार के साथ ही उजागर हो उठता है। रेणु जी के आत्मानुसन्धान और आत्मविश्वास का चेहरा! कल्याण छूट जाएगा। दावे के साथ यह कहना रेणु जी के लिए सम्भव नहीं था। लेकिन जिसने खून किया है या जिससे खून हो गया है, वह अच्छाइयों की ओर फिर से बढ़ सकता है—यह बोध कल्याण में बन जाएगा, इतना अनुमान जरूर रेणुजी ने लगा लिया था।

जयप्रकाश जी के आन्दोलन में शामिल होने में भी रहा है यही एक विश्वास! इसी तरह का एक समान बोध! इस देश का आदमी बिल्कुल खन्दक के किनारे पर आकर खड़ा है। इसी तरह यदि उन्हें कुछ वापिस लाया जा सके। सभी पार्टियों के लोग हैं इस आन्दोलन में। हालाँकि पार्टी को सामने नहीं रखने दिया गया—फिर भी अन्दर-ही-अन्दर पार्टी की सुविधा या स्ट्रेटेजी के चलते, कौशल के चलते वे आन्दोलन में आये हैं। किन्तु मानव एक ऐसा अजीब प्राणी है कि जिसे अगर धीरे-धीरे आगे बढ़ाकर ले जाया जा सके तो उनकी चतुराई चुकती जाती है। आदमी मौलिक गुणों की हदों में ही उसकी अवशिष्ट लड़ाई शुरू हो जाती है। रेणु जी अपनी कथाभूमि के लोगों और पाठकों को ठेलकर ले जाना चाहते हैं—ठीक उसी ओर!

कृतिबास/बंगला मासिक/ सं.—सुनील गंगोपाध्याय/दिसम्बर, 1974

रेणु व समीर राय चौधरी के पूरे संवाद बंगला में होने के कारण, बंगला जानने वाले हिन्दी पाठक मूल बंगला में इसका ज्यादा आनन्द उठा सकते हैं।

हिन्दी अनुवाद : प्रमोद बेड़िया/श्याम अविनाश

सबार ऊपरे मानुष सत्य

यह समान्तर-फमान्तर क्या होता है...साहित्य समाज के समान्तर या समानान्तर नहीं चलता। साहित्यकार किसी स्थिति का दर्शक मात्र नहीं हो सकता। वह स्थितियों को जीता है, उन्हें भोगता है, प्रतिक्रिया करता है।...मैं अपने आपको खोजता हूँ, इसलिए लिखता हूँ। भोगे हुए साहित्य जैसे 'लिटरेरी जारगन' में मेरा विश्वास नहीं। पर लिखता मैं भी वही हूँ, जो देखता हूँ, सोचता हूँ, अनुभव करता हूँ।...आज लेखक आम आदमी को ढूँढ़ रहा है। ...क्या लेखक स्वयं आम आदमी नहीं है!

मुम्बई में प्रसिद्ध पत्रकार विश्वनाथ के साथ बातें करते हुए रेणुजी!

"प्रतिबद्धता..."

रेणुजी ने मेरी बात पूरी नहीं होने दी। ''किस प्रतिबद्धता की बात कर रहे हैं आप?'' उन्होंने जरा तैश में कहा, ''मैं प्रतिबद्धता का केवल एक ही अर्थ समझता हूँ—आदमी के प्रति प्रतिबद्धता, बाकी सब बकवास है।'' मैं उनकी ओर देखने लगा।

वे उसी तैश में बोलते रहे, "प्रतिबद्ध लोग कहते हैं, बढ़े हुए पाँव, उठे हुए हाथ ही काफी नहीं हैं। वे दिखाना चाहते हैं कि उठे हुए हाथ में झण्डा किस रंग का है? ...यह कैसी प्रतिबद्धता है?"

आमदनी के प्रति स्वयं को प्रतिबद्ध बताने वाले हिन्दी के प्रसिद्ध कथाकार श्री फणीश्वरनाथ रेणु ने यह बात अपने बम्बई प्रवास के दौरान कही थी। मालाड के एक गेस्ट हाउस के कमरे में उस समय मेरे अलावा दो-तीन और साथी भी थे। और सबने देखा रेणु का संवेदनशील साहित्यकार उस दिन उनके चेहरे पर स्पष्ट झलक आया था। साथ ही साहित्य को व्यवसाय बनाकर उसे भुनाने वालों के प्रति उनकी पीड़ा भी बातचीत के दौरान छलक-छलक पड़ती थी।

रेणु जी बिहार आन्दोलन से सीधे जुड़े हुए हैं। उन्होंने लाठियाँ भी खायी हैं। जेल भी गये हैं। स्वाभाविक था बातचीत में साहित्यकारों के दायित्व और समाज के सम्बन्धों का जिक्र आता। प्रतिबद्धता की बात भी इसी सन्दर्भ में उठी थी। उन्होंने कहा कि मनुष्य को वे सबसे बड़ा सत्य मानते हैं। अपनी बात को उन्होंने चण्डीदास के शब्दों में यूँ कहा था–

'सुन रे मानुष भाई,
सवार ऊपर मानुष सत्य
ताहार ऊपर किछु नाई।'

"मैला आँचल" और "परती परिकथा" का लेखक यदि इस भाषा में बात कर रहा था, तो यह स्वाभाविक ही था। उनके ये दोनों उपन्यास स्वतन्त्र भारत के आम आदमी की आशाओं-आकांक्षाओं की कहानी हैं, उनकी निराशा और हताशा की अभिव्यक्ति हैं।

''लेकिन आम आदमी की बात तो आज के लेखक भी कर रहे हैं। आज तो आम आदमी की बात करने का आन्दोलन-सा चलाया जा रहा है,'' मैंने कहा था।

''किस आम आदमी की बात? और आम आदमी की बात करने के लिए आन्दोलन की क्या जरूरत है,'' रेणु जी ने पूछा।

इसी सन्दर्भ में उन्होंने कहा कि आज आम आदमी की दुहाई देना एक फैशन हो गया है। लेखक आम आदमी को ढूँढ़ रहा है। उन्होंने इस बात पर आश्चर्य प्रकट किया कि लेखक आम आदमी को खोजने की कोशिश कर रहे हैं। क्या लेखक स्वयं आम आदमी नहीं है, उन्होंने प्रश्न किया था। और फिर स्वयं ही उन्होंने कहा था, यदि वह आम आदमी है तो स्वयं उसकी बात आम आदमी की बात होनी चाहिए। फिर उन्होंने कहा था, "यदि किसी लेखक के लेखन में ऐसा नहीं लगता तो इसका सीधा-सा अर्थ है, लेखक में ईमानदारी नहीं है, बनावट है।"

श्री रेणु साहित्यिक आन्दोलनों को अनावश्यक मानते हैं। उन्हें दिखावा कहते हैं।

स्वयं कथाकार होने के नाते उन्होंने समान्तर कहानी की भी चर्चा की। "यह समान्तर-फमान्तर क्या होता है," उन्होंने कहा था। उनके अनुसार, 'साहित्य समाज के समान्तर या समानान्तर नहीं चलता। साहित्यकार किसी स्थिति का दर्शक मात्र नहीं हो सकता। वह स्थितियों को जीता है, उन्हें भोगता है, प्रतिक्रिया करता है।'

रेणु ने साहित्यिक आन्दोलनों को 'अस्तित्व की लड़ाई' की संज्ञा दी। उन्होंने कहा कि लेखक जब अपने अस्तित्व के प्रति चिन्तित हो जाता है, अपने लेखन के प्रति सशंकित हो जाता है तो साहित्यिक आन्दोलन की बात सोचने लगता है।

रेणु जी मुम्बई में एक लेखक सम्मेलन में भाग लेने आये थे। इससे पूर्व कलकत्ता में भी एक लेखक सम्मेलन में भाग ले चुके थे। साहित्यिक आन्दोलनों के बारे में उनकी इस बात के सन्दर्भ में मैं पूछ ही बैठा कि इस तरह के सम्मेलन में वे क्यों भाग

लेते हैं। उन्होंने बड़े हल्के ढंग से कह दिया, ''अरे भाई, इनकी तो एक ही उपलब्धि होती है, आपस में मुलाकात।'' और यह कहकर वे हँस पड़े थे।

''आप क्यों लिखते हैं?'' मैंने सीधा सवाल किया।

"मैं अपने आपको खोजता हूँ। इसलिए लिखता हूँ।" वे फिर गम्भीर हो गये थे। "भोगे हुए साहित्य जैसे 'लिटरेरी जारगन' में मेरा विश्वास नहीं। पर लिखता मैं भी वही हूँ जो देखता हूँ, सोचता हूँ, अनुभव करता हूँ।"

"यह तो सब लेखक कहते हैं रेणु जी। आप अपने बारे में कुछ खास बात हो तो बताइए।"

"खास बात तो मैं नहीं जानता, पर हाँ इतना जरूर मानता हूँ कि जब तक मैं लिखने के लिए मजबूर नहीं हो जाता, मैं नहीं लिखता—पागल होने के बाद ही लिखता हूँ। रही क्यों लिखने की बात, तो अपना दुःख-दर्द बँटाने के लिए लिखता हूँ।"

'परती-परिकथा' लिखने के बाद श्री रेणु का लगभग मौन हो जाना कोई और उपन्यास न लिखना, उनकी इस बात की पुष्टि करता है। उन्होंने बताया भी, "मैला आँचल में मैंने अपना दुःख-दर्द लिखा था, नये स्वतन्त्र देश की हालत दिखायी थी। पर तब तक मुझे स्वतन्त्र भारत के भविष्य में भरोसा था। मेरा स्वर आशा का स्वर था। पर अपने दूसरे उपन्यास में एक तटस्थ लेखक की हैसियत से मैंने दिखाया कि आदमी का हृदय भी बंजर होता जा रहा है, स्वयं मेरा हृदय भी बंजर हो गया था...।''

रेणु को इस बात का दुःख है कि इन दो उपन्यासों में कही गयी उनकी बात को तीसरे दर्जे के नागरिक की बात समझी गयी। उन्होंने कहा भी, "लेखक की भूमिका पुरोधा की भूमिका होती है। पर हमारे राजनेता उसे तीसरे दर्जे का नागरिक समझते हैं। जबकि तथ्य यह है कि समाज की सारी विकृतियाँ स्वयं इन राजनेताओं की देन हैं।"

"तो क्या राजनेताओं की उपेक्षा के कारण लेखक चुप होकर बैठ जाए?"

"नहीं, चुप क्यों बैठे। यह चुप बैठ ही नहीं सकता...।"

"तो वर्तमान परिस्थितियों में लेखक को क्या करना चाहिए? क्या कहना चाहिए?"

इस प्रश्न के उत्तर में रेणु जी ने अपना उदाहरण देकर बात समझाई। उन्होंने बताया कि देश की वर्तमान स्थिति ने उनके सपने और विश्वास तोड़ दिये थे। वे निराश हो चुके थे। प्रजातान्त्रिक पद्धति से भी उनका विश्वास उठने लगा था। कुछ समय के लिए तो उन्होंने सोचा था कि शायद नक्सलपन्थ ही ठीक है। पर यह भ्रम शीघ्र ही टूट गया। फिर गुजरात में जो कुछ हुआ, उससे कुछ आशा बँधी। बिहार ने इस आशा को और मजबूत किया।

रेणु जी ने स्पष्ट कहा कि आज लेखक को सिर्फ कलम ही नहीं चलानी है बल्कि परिवर्तन की इस प्रक्रिया में सक्रिय भाग भी लेना है।

उन्होंने कहा, "मेरा लेखक मर चुका था। बिहार आन्दोलन ने उसे पुनः जीवित कर दिया। अब मुझे लगने लगा है कि जिस समाज में मै रह रहा हूँ, वह सुधर सकता है।"

मुझे लगा यहाँ युवा लेखकों की बात की जा सकती है। युवा लेखकों के बारे में आपकी क्या राय है, मैंने पूछा था।

'युवा लेखकों पर मुझे भरोसा है,' यह बात मेरा प्रश्न सुनते ही उनके मुँह से निकली थी। उन्होंने कहा, 'नवलेखन में कल्लोल तो है, पर आग भी कम नहीं।' उनका विश्वास था कि इस आग की गर्मी उनको भी लगेगी जो हार-थक कर बैठ गये हैं।

लेकिन रेणु जी ने इस बात की ओर संकेत किया कि बन्द कमरे में बैठकर लिखने का जमाना लद चुका है। लेखक को परिवर्तन की प्रक्रिया का गवाह नहीं, भागीदार बनना है। इस सन्दर्भ में उन्होंने बिहार आन्दोलन में जुटे युवा लेखकों का भी जिक्र किया। उन्होंने कहा कि ये लेखक अब जो लिखेंगे, उसमें अनुभव की सच्चाई तो होगी ही, एक नयी दृष्टि भी होगी।

देश के इस वरिष्ठ लेखक की यह मान्यता है कि लेखक का काम सृजन करना है, वक्तव्य देना नहीं। यदि लेखक को वक्तव्य देकर अपने सृजन की आवश्यकता महसूस होती है तो उसे डूब मरना चाहिए।

यहाँ उन्होंने आलोचकों की भी बात की। उन्होंनें बताया कि स्वयं उनका आलोचकों में कोई विश्वास नहीं। क्योंकि अधिकांश आलोचक पूर्वाग्रह से ग्रस्त होते हैं। इस सन्दर्भ में उन्होंने एक घटना भी सुनायी थी। उनके एक कथा-संग्रह 'ठुमरी' का विज्ञापन छपा था। विज्ञापन में 'कथा संग्रह' शब्द शायद नहीं था। कथा संग्रह भी अभी प्रकाशित नहीं हुआ था। पर एक 'विद्वान्' आलोचक ने समालोचना लिखकर छपवा दी, रेणु का यह उपन्यास भी रेणु के पिछले दो उपन्यासों की लीक पर है। यह घटना सुनाते हुए रेणु जी ने आलोचक के साथ जुड़े विद्वान् शब्द पर विशेष जोर दिया था।

"रेणु जी, आपने कहा कि बिहार के आन्दोलन ने आपके लेखन को पुनः जीवित कर दिया है। क्या आप कुछ नया लिख रहे हैं।" मेरा अन्तिम प्रश्न था।

"हाँ, उनका उत्तर था। एक उपन्यास लिख रहा हूँ। पर उसके बारे में कुछ बताऊँगा नहीं।"

"क्यों?"

"अरे भाई, किसी आलोचक ने पढ़ लिया तो पहले ही समालोचना लिख देगा।"

और रेणु जी यह कहकर हँस दिये थे। इस बार की हँसी में हम, वे, सबने उनका साथ दिया।

छेड़ो न मेरी जुल्फें, सब लोग क्या कहेंगे!

सन् बयालीस के आन्दोलन में मुझे सेल के भीतर रखा गया। जेलखाने के कम्बलों में चीलरें भरी थीं। बदन में चीलर और बालों में जूओं का साम्राज्य छा गया। इतनी जूएँ कि कल्पनातीत! पहली बार अनुभव हुआ था कि जूँ कैसी होती है और कान पर कैसे रेंगती है। तब जितनी जूएँ पकड़ी थीं, सभी कान पर ही पकड़ी थीं।
जेल से छूटने पर जूओं से छुटकारे का सीधा जवाब—मुण्डन करवा लिया! [बाद में जूएँ भले सिसकती रही हों—तेरी जुल्फों से जुदाई तो नहीं माँगी थी, कैद माँगी थी, रिहाई तो नहीं माँगी थी!]

अपने बालों से जुड़ी कितनी ही कथा-परिकथाएँ सुना रहे हैं श्रीमती गीता पुष्प शॉ को रेणुजी!

रेणु जी की घनी, काली, घुँघराली नाजों से पाली केशराशि से कई को रश्क है, और कई को इश्क। मैने सोचा, चलकर उनका इण्टरव्यू लिया जाए, सुन्दरतम केश सज्जा का रहस्य पूछा जाए, ताकि महिला जगत् को कुछ लाभ हो सके (लम्बे बालों वाला पुरुष वर्ग तो लाभ उठाएगा ही)।

एक इतवार की सुबह उनके घर जा धमकी—अपने पतिदेव राबिन शॉ पुष्प के साथ। रेणुजी घरेलू किस्म का जूड़ा बाँधकर बैठे हुए थे। वैसे, कभी-कभी रिबन भी बाँधते हैं, या रबर बैण्ड लगाते हैं। बाल धोने की तैयारी कर ही रहे थे। बोले, "बड़ा ठण्डा मौसम है। सामान जमा करके छत पर धूप में जाकर बाल धोऊँगा।" हम कोठे पर आ गये। उन्होंने सामान जमाया, "हाँ, तो कैसा इण्टरव्यू लेंगी?"

मैंने जरा संकोच से कहा, "जी जरा...जरा... इन्हीं बालों के सम्बन्ध में कुछ पूछना है।"...तभी पड़ोस का लाउडस्पीकर चीख उठा—'छेड़ो न मेरी जुल्फें, सब लोग क्या कहेंगे...' मेरा सवाल गले में ही अटककर रह गया। रेणु जी भी चुप! जब गीत

खत्म हो गया, तो किसी तरह बोले, "गीता जी, आज तक जाने कितने ही इण्टरव्यू दे चुका हूँ... लेकिन जुल्फों के सम्बन्ध में ये मेरा पहला इण्टरव्यू होगा...कहीं लोग कुछ कहेंगे तो नहीं? खैर, पूछिए।" और वे बाल धोने लगे।

मैंने सवाल शुरू किये और वे जवाब देते चले गये।

"आप कितने दिनों में बाल धोते हैं?"

"सप्ताह में एक बार, इतवार को, क्योंकि तब नल में पानी देर तक आता है। बाल सुखाने की भी फुरसत रहती है।"

"रेणु जी, वैसे तो सभी मर्द जिस साबुन से नहाते हैं, उसी से सिर धो लेते हैं। आप किस साबुन का इस्तेमाल करते हैं।"

"मैं साबुन से सिर नहीं धोता। वैसे मेरे चेहरे की सुन्दरता का राज है—मार्गो सोप।"

"अच्छा! फिर आप बाल किससे धोते हैं?"

"जब पटने में रहता हूँ तो शैम्पू से, कभी-कभी सेलून में जाकर भी शैम्पू करवा लेता हूँ। देहात में रहता हूँ, तो बेसन से बाल धोता हूँ।"

"तेल कौन-सा लगाते हैं?"

"अरे बाप रे! तेल का नाम मत लीजिए। तेल से तो मुझे एलर्जी है। खाना खाते समय अगर हाथ में भी तेल लग जाता है, तो कई बार साबुन से हाथ धोता हूँ।"

"अच्छा, ये इतने सारे ब्रश और कंघियाँ किसलिए हैं?"

"बालों में तेल नहीं डालता न, इसलिए वे जल्दी उलझ जाते हैं। जब बाल बनाता हूँ, तो सबसे पहले ब्रश से झाड़ता हूँ, फिर बड़ी कंघी से, फिर मोटी कंघी से और अन्त में फिनिशिंग टच—इस छोटी कंघी से।"

"तो यह बात है। अब मैं समझी कि इतनी देर क्यों लगती है।"

दिनकर जी जब थे तो नीचे से ही चिल्लाते—"अरे, जल्दी नीचे उतरो, कितनी देर लगाते हो सिंगार-पटार में रेणु।"

उड़ें जब-जब जुल्फें तेरी उर्फ इमलियों का झूलना

"मेरे बचपन में कई देवी-देवताओं के नाम पर मनौतियाँ मानी गयी थीं। मनौती पूरी होने पर मुण्डन होता है। कई वर्षों से बाल बढ़ते-बढ़ते सिर में जटाओं की भरमार हो गयी थी। किसी तरह जटाजुट को बाँधकर रखा जाता।

"उस समय पाँच-छह वर्ष का था। लोग कहते—'ए रिनुआ, हवा चलती है, तो पेड़ में लगी इमलियाँ कैसे झूलती हैं? जरा दिखाओ तो, लेमनचूस देंगे।' और लेमनचूस के लालच में मैं सिर नचाकर, जटाएँ हिलाकर दिखाता—ऐसे!

घूँघरवाला मेरा, नाजों का पाला मेरा उर्फ पहला मुण्डन

"पहली बार दस वर्ष की आयु में मेले में ले जाकर मुण्डन करवाया गया। हमारे साथ घर का नाई भी गया। तभी पहली बार नाई के साक्षात दर्शन हुए। बूढ़ा नाई। मुहँ से दुर्गन्ध। उसका उस्तरा इतना भोथरा था कि उससे शायद खुरपी का काम भी

नहीं लिया जा सकता था। चार बाल काटता था, तो पच्चीस बाल नोचता था। वह पहला मुण्डन इतना भयानक लगा, कि तब से नाई के नाम से ही भाग खड़ा होता। बाल बढ़ जाने पर टीचरों से खूब डाँट पड़ती, तब कहीं वर्ष में एक बार मुश्किल से बाल कटाता।

तेरी जुल्फों से जुदाई तो नहीं माँगी थी उर्फ दूसरा मुण्डन

"सन् बयालीस के आन्दोलन में मुझे सेल के भीतर रखा गया। जेलखाने के कम्बलों में चीलरें भरी थीं। बदन में चीलर और बालों में जुओं का साम्राज्य छा गया। इतनी जुएँ कि कल्पनातीत। पहली बार अनुभव हुआ था कि जूँ कैसी होती हैं और कान पर रेंगती हैं। तब जितनी जुएँ पकड़ी थीं, सभी कान पर ही पकड़ी थीं।

"जेल से छूटने पर जुओं से छुटकारे का सीधा जवाब—मुण्डन करवा लिया।" (बाद में जुएँ भले सिसकती रही हों—तेरी जुल्फों से जुदाई तो नहीं माँगी थी, कैद माँगी थी रिहाई तो नहीं माँगी थी।)

सौतन के लम्बे-लम्बे बाल उर्फ 'एक्सक्यूज मी मैडम'

"एक बार मैं दिल्ली से पटने आ रहा था। ठण्ड की रात थी। नीचे की बर्थ पर रजाई ढाँप-ढूँप कर सो रहा था। सामने की बर्थ पर कोई श्रीमती जी सोयी थीं। उनके श्रीमान ऊपर की बर्थ पर। श्रीमान को शायद डायबिटीज का रोग था। रात को मिनट-मिनट पर बत्ती जलाकर कहते—'एक्सक्यूज मी मैडम।' नीचे उतरते और बाथरूम जाते। उनकी देखादेखी ऊपर की बर्थ वाले दूसरे सज्जन भी बार-बार बाथरुम जाने लगे। हर बार बत्ती जलती। फिर 'एक्सक्यूज मी मैडम', कहा जाता। उनकी श्रीमती जी मन-ही-मन कुढ़ रही थीं, 'बड़ी एक्सक्यूज माँगी जा रही है इन लम्बे बालों वाली मैडम से। हूँ!' और वे मुँह फेरकर सो गयीं। सुबह हुई, तो ऊपर वाले सज्जन फिर बोले—'एक्सक्यूज मी मैडम', रात आपको बहुत परेशान किया।' मैंने जवाब नहीं दिया। मुस्कराता रहा।

"कानपुर स्टेशन पर सभी चाय लेने लगे। मैं भी रजाई फेंककर चाय लेने लपका। अब तो डिब्बे के सब लोग भौंचक। वे सज्जन झेंप गये। 'अरे! रात भर हम आपको मैडम समझते रहे।' श्रीमान की श्रीमती जी ने लम्बे बालों वाली सौतन की जगह लम्बे बालों वाले मर्द को देखा तो चैन की साँस ली।"

सजवना बैरी हो गये हमार उर्फ बालों की खिंचाई

चलते-चलते मैंने रेणु जी से पूछ ही लिया, "यूँ तो आपने बड़े प्यार से अपनी जुल्फों को पाला है। बड़ा प्यार किया है। पर क्या कभी आपको तकलीफ भी हुई है लम्बे बालों से?

रेणु जी एक आह भरकर बोले, "जी हाँ! सन् बयालीस में जब सेल में बन्द था, तो पुलिस वाले बड़ी बेरहमी से इन्हीं जुल्फों को पकड़कर खींचते थे और दीवार पर सिर दे मारते थे। बहुत दर्द सहा था, तब इन्हीं जुल्फों के कारण और लम्बे बाल रखने का दुःख हुआ था तभी पहली बार।"

और अन्त में...

आपातकाल में रेणु : कुछ मनःस्थितियाँ

मैने सैकड़ों-सैकड़ों पृष्ठों के ग्रन्थ लिखे—क्या इसी दिन के लिए? अब मुझसे अधिक बर्दाश्त नहीं होता है। मेरी जीने की इच्छा खत्म हो गयी है। मुझे ये लोग जेल क्यों नहीं ले जाते? कल शाम को मैं फारबिसगंज के स्टेशन चौराहे पर खड़ा होकर भाषण दूँगा। जानता हूँ- बोलने नहीं दिया जाएगा। बोलने के पहले ही गिरफ्तार कर लिया जाऊँगा। पर यह करुँगा! अब मुझसे सहा नहीं जाता। मैं अपने हाथों अपना गला नहीं घोंट सकता!

इमरजेंसी के दौरान बेहद पीड़ित मनोदशा में फारबिसगंज के युवा मित्रों—जयशंकर, बैजनाथ विजय—को अपनी पीड़ा और बेचैनी को व्यक्त करते रेणुजी! और इसे प्रस्तुत कर रहे हैं—विजय अग्रवाल

मेरा यह घर (औराही हिंगना) घर नहीं एक 'शाकआबजर्बर' है। अच्छी से अच्छी खबर और बुरी से बुरी सूचनाएँ मुझे यहीं मिली हैं। जब 'मैला आँचल' का प्रकाशन हो रहा था तो दिल्ली के एक बहुत बड़े होटल में एक पार्टी का आयोजन किया गया था। उसकी सूचना मुझे इसी घर में मिली। 'तीसरी कसम' की फिल्म निर्माण की स्वीकृति-सूचना यहीं मिली और इसे राष्ट्रपति एवार्ड मिला, यह सूचना भी यहीं मिली। साथ ही दुःख भरी सूचनाएँ, शैलेन्द्र, मोहन राकेश, दुष्यन्त कुमार, भारतभूषण अग्रवाल आदि के निधन की सूचनाएँ भी इसी घर में मिलीं और अब देखो—रात में 'वायस आफ अमेरिका' से यहीं पर पता चला कि भारत में इमरजेंसी लागू हो गयी है। यह आपातकालीन स्थिति नहीं है; इन्दिरा 'आफत काली' बन गयी है। अब यह नरसंहार करेगी। इसका ताण्डव-नृत्य शुरू होगा। जनता इसे स्वीकार-अस्वीकार के

लहजे में देख रही है।

हिन्दुस्तान के इतिहास में एक काला समय शुरु हो गया। इसका इतिहास कुछ नहीं होगा। इतिहास लिखने वाले लोग इतिहास की इस अवधि को काली स्याही से पोत देंगे।

× × ×

मेरे घर में चोरी हो गयी। इन चोरी गयी चीजों में तीन सौ पचास पृष्ठों की एक पाण्डुलिपि के अलावा मेरी एक कीमती कलम भी चोरी हो गयी। इस कलम ने मुझे विश्वख्याति प्रदान की थी। मैंने अब तक जो भी लिखा, उसी कलम से। मेरी कलम तो चोरी चली गयी, पर मैं इन कलम वालों से पूछता हूँ कि वे क्या कर रहे हैं?

× × ×

मुझे यहाँ से मुक्त करो। यहाँ मेरा दम घुटा जा रहा है। यहाँ तो लेखनी और वाणी पर भी प्रतिबन्ध है! मुझे नेपाल जाना चाहिए। मैं वहीं अपनी आवाज बुलन्द करूँगा, अन्यथा भारत की जेलों में घुट-घुटकर मर जाऊँगा।

× × ×

मैंने सैकड़ों-सैकड़ों पृष्ठों के ग्रन्थ लिखे। क्या इसी दिन के लिए? अब मुझसे अधिक बर्दाश्त नहीं होता है। मेरी जीने की इच्छा खतम हो गयी है। मुझे ये लोग जेल क्यों नहीं ले जाते? कल शाम को मैं फारबिसगंज के स्टेशल चौराहे पर खड़ा होकर भाषण दूँगा। जानता हूँ—बोलने नहीं दिया जाएगा। बोलने के पहले ही गिरफ्तार कर लिया जाऊँगा। पर यह करूँगा! अब मुझसे सहा नहीं जाता। मैं अपने हाथों अपना गला नहीं घोंट सकता।

× × ×

'साप्ताहिक हिन्दुस्तान' का 'बिहार विशेषांक' और 'धर्मयुग' का 'हास्य विशेषांक' निकलने वाला है। मुझे भी कहा गया है—इन पर कुछ लिखने को, क्या लिखूँ? सारा देश जेल बन गया है। एक-एक साँस कैद है। अपनी इच्छा से जी भी नहीं सकते तो बिहार पर क्या लिखूँ?—डाक्टर जगन्नाथ मिश्र की सरकार बीस सूत्री कार्यक्रम सफलतापूर्वक चला रही है! नसबन्दी तेजी से हो रही है या—संजय गाँधी ने बिहार में दौरे कर बिहार की बहुत प्रगति कर दी? क्या लिखूँ—'बिहार विशेषांक' पर?

और 'हास्य विशेषांक' पर! मेरे जे० पी० जेल में। गोलियों और बूटों से यहाँ की जिन्दगियाँ रौंदी जा रही हैं। बहते आसूँ सूख नहीं पा रहे हैं। आहों और यातनाओं के इस दौर में मैं हास्य लिखूँ? अच्छा हुआ जो यह दिन देखने के पहले ही मेरी कलम चोरी चली गयी।

× × ×

आज (16 नवम्बर' 76) जब मैं गाँव से फारबिसगंज स्टेशन आया, तो स्टेशन

के बाहर रामदेनी तिवारी जी की मूर्ति के सामने खड़ा हो गया। गुरुदेव! यह क्या हो रहा है? तभी अचानक अस्वस्थता के कारण मुझे खून की उल्टी हो गयी। वहीं गुरुदेव के सामने खून उगल डाला। देखने वालों ने समझा कि पान की पीक फेंक रहा हूँ। पर, गुरुदेव देख रहे हैं—उनका रेणु आज खून उगल रहा है।

× × ×

इन्दिराजी क्यों नहीं अपनी गद्दी बचाकर पूरे देश को एटम बम से उड़ा देती हैं? उनको एकछत्र राज ही तो करना है। न कोई बचेगा न विरोध होगा। कम से कम मेरे जैसे लोग तो विरोध करेंगे ही। या नहीं तो ऐसा करें, मेरे जैसे लोगों को चुन-चुनकर फाँसी पर लटका दें।

× × ×

यह भी कोई प्रजातन्त्र है? कलमबन्द, जुबान बन्द! पर, आँखें खुलीं। इस अवस्था में आदमी पागल नहीं होगा तो क्या होगा? मानसिक उद्वेग को कैसे शान्त करेगा? मेरे जैसा आदमी या तो पागल हो जाएगा, या आत्महत्या कर लेगा।

× × ×

दुनिया में जितने भी दुःख हैं, बर्दाश्त किये जा सकते हैं—केवल मानसिक दुःख को छोड़कर! विशेषकर भावुक लोगों के लिए। जो केवल लिख-पढ़ और बोलकर ही अपनी भावनाएँ व्यक्त कर सकते हैं। सोचो—यदि उस पर अंकुश लग जाए तो उसकी क्या स्थिति होगी?

प्रजातन्त्र का अर्थ है—देश में जो कुछ भला-बुरा हो रहा है उसे जनता के सामने प्रकट कराना। लेकिन यह कैसा प्रजातन्त्र है। देश में कहाँ क्या हो रहा है, किसी को पता नहीं। कहाँ कितनी बड़ी दुर्घटना हो गयी, कहाँ क्या हो गया, कुछ पता नहीं। कितने लोग भूख-गरीबी-अत्याचार-दमन से मर गये, कोई सूचना नहीं। मित्र-बन्धु, साथी, घर-परिवार के लोग कहाँ हैं—जेल में बचे भी हैं कि नहीं—कुछ पता नहीं। यह क्या है गया? सरकार अपने कर्तव्य से हट गयी है। अब विनाश ही ओर जा रहा है—अपना यह देश!

× × ×

मेरा यह दिमाग एक टेप है। अभी देश में जितनी भी घटनाएँ घट रही हैं और जो मुझे मालूम हैं, सारी बातें मेरे दिमाग में टेप हो रही हैं। इमरजेंसी समाप्त होने दो, मैं अपने दिमाग के टेप को वापस घुमाऊँगा और सारी बातें किताबों और फिल्मों के माध्यम से दुनिया के सामने रखूँगा।

अवकाश/जून (द्वितीय) 1979

• • •